U0469376

投资大师
经典译丛

股票作手操盘术

利维摩尔结合时间要素和价格的法则

杰西·利维摩尔（Jesse Livermore）◎著

罗清亮◎译

上海财经大学出版社

图书在版编目(CIP)数据

股票作手操盘术:利维摩尔结合时间要素和价格的法则/(美)杰西•利维摩尔(Jesse Livermore)著;罗清亮译. —上海:上海财经大学出版社,2016.9

(投资大师•经典译丛)

书名原文:How to Trade in Stocks

ISBN 978-7-5642-2558-2/F•2558

Ⅰ.①股… Ⅱ.①杰… ②罗… Ⅲ.①股票投资-基本知识 Ⅳ.①F830.91

中国版本图书馆CIP数据核字(2016)第237403号

□ 责任编辑 李成军
□ 封面设计 张克瑶

GUPIAO ZUOSHOU CAOPANSHU

股票作手操盘术
——利维摩尔结合时间要素和价格的法则

[美] 杰西•利维摩尔 著
(Jesse Livermore)
罗清亮 译

上海财经大学出版社出版发行
(上海市武东路321号乙 邮编200434)
网 址:http://www.sufep.com
电子邮箱:webmaster @ sufep.com
全国新华书店经销
上海华教印务有限公司印刷装订
2016年9月第1版 2016年9月第1次印刷

710mm×960mm 1/16 7.75印张(插页:1) 87千字
印数:0 001—3 000 定价:32.00元

(本书配光盘一张)

前　言

从投机的角度来看,杰西·利维摩尔的职业生涯是一条金光大道。在公众眼中,他几乎总是一种股市影响因素,年轻时,他在投机领域就像彗星划过天空一样耀眼,赢得"百万滥赌男孩"的称号。

实际上,他一直是滥赌者,在极其罕见的情况下,其大规模操作震惊了华尔街。然而盲目的机会从未进入到他的市场操作中。他的每一次操作都具有非凡的天赋,并且以大量的研究和坚强的毅力为支撑。

四十多年来,杰西·利维摩尔几近疯狂地研究世界经济和国内经济形势。同样,就在这四十多年间,他在投机市场中研究、探讨、心存梦想、耐心等待最佳时机和交易。他的世界就是价格走势;他科学地准确预测了这些走势。

很荣幸的是,我能够了解一些我们所处时代的伟大投资者,并且更近距离地观察他们令人着迷的操作。无论是从智力角度来看,还是从天赋条件来看,我都把杰西·利维摩尔看作20世纪以来最伟大的投机者和市场分析师。在我的一本书中这样写道,如果利维摩尔财富归零的话,但假如给他提供小额经纪信贷,拿着这些钞票被锁到房间里,在交投活跃的几个月后,就能重新创造出财富。这就是他天才的标记。

15岁时,他第一次找到了对股市的感觉。最令他妈妈感到惊奇的是,他第一次在股市上出手,就在她膝盖上放了1 000美元的5美元钞票。

当他在经纪公司负责黑板抄写记录工作的时候,仅用一年时间就完成了四年的数学课程,这时,他又一次找到了股市灵感。

自那时起,他不断迸发出股市灵感,对这本小册子中的投机科学有兴趣的人们而言,即使不会迸发出灵感,至少也会是令人惊奇的起步。

理由很清楚。每一位伟大的投机者,都有自己的操作方法及其研究过程,为了获得满意的结果,他愿意承担损失大量金钱的风险。这些方法就像国家机密一样被保护了起来,尽管有时会出现不足或疑惑,但是,更多的时候它们具有可操作性。

因此,更加坦率地讲,当杰西·利维摩尔拉开大幕,公开披露自己结合时间要素和价格的法则时,他在那个最好的投机者时代开始大显身手。他为读者留下了四十多年投机研究的丰硕成果。

这是精明操盘手丰富多彩传奇中的新篇章。

爱德华·杰勒姆·戴斯
(Edward Jerome Dies)

目 录
―― CONTENTS ――

前言/1

第一章
投机是一项挑战/1

第二章
股票何时表现良好？/15

第三章
跟踪龙头股/23

第四章
赚到手的钱/29

第五章
　　　　关键点/37

第六章
　　　　错失 100 万美元/49

第七章
　　　　300 万美元的盈利/59

第八章
　　　　利维摩尔的市场要诀/69

第九章
　　　　规则解释/77

第一章

投机是一项挑战

第一章　投机是一项挑战

投机是这个世界上最令人着迷的游戏。然而,对于愚蠢的人、懒于动脑的人、心智不健全的人,还有企图一夜暴富的冒险者来讲,这个游戏并不适合他们。如果这些人贸然参加这个游戏,终将死于贫困潦倒。

多年以来,我很少参加有陌生人出席的晚宴,因为他们总会坐到我身边,稍作寒暄之后,就会问道:

"我如何才能在股市中挣到一些钱?"在我年纪尚轻的时候,对于期望从股市中快速、轻松挣钱的人,我会相当痛苦地去解释他所面临的所有困难;或者说,会通过礼貌地应付,摆脱这种尴尬的局面。后来,我的回答就是生硬的"我不知道"。

很难对这种人保持耐心。首先来讲,对于一名对投资和投机进行科学式研究的人来讲,这种询问并不是什么恭维之辞。这就相当于一名门外汉询问律师或外科医生:

"我怎么才能在法律和手术方面挣到一些快钱?"

然而,我还是认为,对于大多数对股市投资和投机有兴趣的人来讲,他们如果有指南或者指路牌为其指明正确方向,还愿意通过努力和研究,来获取合理回报,本书就是为这些人而写的。

本书目的是介绍一些我投机职业生涯中的精粹——其中既有失败记录,也有成功记录,还有从每次成功和失败中得到的教训。通过所有这些记录,我的交易时间要素理论浮出了水面,我把它看作成功投机生涯中最为重要的因素。

但是,在我们进一步介绍之前,我要警告你,你要亲手保留自己的交易记录,自己动脑思考,并且自己得到结论,成功的结果与你在这些方面努力中所体现出来的真心和诚意直接相关。要是你自己阅读关于《如何保持体形》(How to Keep Fit)的书,而让他人代劳锻炼身体,这并不是明智之举。同样,如果你真心实意地想学习我结合时间要素和价格的法则,你也不能让别人替你做保留交易记录这样的工作。在随后的内容中,我就会阐明该法则。

我只能为你引路,要是你通过我的引导,能够在股市上挣的钱超过投入,那么,我就会觉得很欣慰。

有一部分特定公众,有时可能会更倾向于投机,在本书中,我会向这些人讲述自己多年投资和投机生涯期间,归纳总结的一些观点和想法。任何一名具有投机倾向的人,都应该把投机看作一种业务,要严肃地对待它,而不可以把它视为一种纯粹的赌博,尽管很多人会有这样的偏见。如果我的前提正确的话,即投机本身是一种业务,那么参与该项业务的人应该下定决心学习和理解这种业务,利用翔实可靠的数据,尽可能提高能力。40年来,我始终致力于把投机做成一项成功的事业,我发现了一些适用该项业务的新规则,并且还在继续发掘新规则。

有很多次,我在睡梦中,反省自己为何不能预见一段即将到来的行情,第二天一大早清醒过来时,形成了一个新想法。我等不及天光放亮,就开始利用自己过去的行情走势记录来检验这种想法,以确定这种新想法是否具有价值。大多数情况下,这种新想法都距离100%正确差距巨大,但是,其中

第一章　投机是一项挑战

一些好的方面就会储存在自己的潜意识之中。之后，或许会产生另一种想法，我就会马上着手对其进行检查核实。

随着时间推移，各种各样的想法开始变得越来越具体，我就能够形成具体的保留记录的方法，同时，以这种新的记录形式作为一种行情指南。

令我感到满意的是，自己的理论和实际应用都已经得到证实，在证券和大宗商品的投机或投资业务中，从来不会有例外。有时候，人们可以投机，有时候人们又不能投机。有一句谚语非常正确："你可能会赢得一次赛马，但你不可能赢得所有赛马。"股市操作也是同样的道理。有时候，股票投资或投机能够赚到钱，但是，在一年之中，你不可能每一天或者说每一周，都可以连续赚钱。只有那些有勇无谋的人才会尝试这样做。这样做不可能稳操胜券，而且也无法做到。

为了成功地投资或投机，人们必须对某只特定股票的下一步重要动向形成自己的观点。投机无非就是预测即将到来的市场走势。为了准确地预测，人们必须为这种预测奠定坚实的基础。例如，当某则新消息公布时，你要在自己的头脑中分析，该消息可能对市场产生什么样的影响，以及市场会如何表现。还要尽力预测该消息在公众心目中所产生的心理影响——特别是那部分与该消息密切相关的公众。如果你认为，该消息可能在市场上产生确定的看多或看空效应，那么不要确信自己的看法，而是要回到判断之前的状态，直到市场走势本身确认了你的看法，因为从市场角度来看，这种影响或许并不像你倾向认为的那样明确。说明一下：市场在一段既定期间维持确定趋势之后，看多或看空消息可能并不会对市场产生丝毫的影响。这个时候，市场本身可能就处于一种超买或超卖状态，在这种情况下，特定消息的影响肯定会被市场所忽视。此时此刻,他必须完全忽略个人观点,密切关注市场本身的走势。市场绝对不会出错,而看法却经常会出错。除非市场走势与自己的看法相一致,否则这些看法对投资者或投机者而言毫无价值。今天,没有任何个人或者任何团体,能够制造或阻止市场行情。人们可能会形成关于某只特定股票的看法,并且认为该只股票会有一轮显著的行情走势——要么上涨,要么下跌,最终其看法也是正确的,但是,由于过早地判断并付诸行动,人们将会亏钱。认为自己的看法准确无误,他就会马上行动,不料却发现,他下单之后,该股票出现了相反的走势。市场行情陷于胶着,他开始沮丧,并卖出离开了市场。或许在之后几天,行情走势看起来完全对路,他再次杀回市场,但是他一进入市场,行情就再次出现了对他不利的走势。他开始再次怀疑自己的看法,抛出了股票。最后,这轮行情终于启动了。由于最初太过急于求成,进行了两次错误操作,他完全丧失了勇气。还有可能是,他已经在其他股票上建仓,无法在该股票上增加仓位。因此,等到他最初建仓的这只股票行情真正启动的时候,他却已经退出了。

　　这里,我想强调的一点是,对于某一只或某几只特定股票来讲,形成明确的看法之后,不要太急于买入。站在市场角度上,等待并观察这只或这几只股票的走势。要在基本面的指导下进行交易。比如说,某只股票成交价在25.00美元左右,并且在22.00美元到28.00美元的区间内震荡了相当长的时间。假如你认为这只股票最终会达到50.00美元,这个时候,它的价格是25.00美元,而你的看法是它会上涨到50.00美元,要有耐心,等到这只股票变得活跃起来,直到它创出新高,比如说达到30.00美元。之后,你会知道,从市场角度来看,你已经被证明是正确的。这只股票必定已经出现了极

第一章　投机是一项挑战

其强势的状态,否则,它就不可能达到 30.00 美元。已经出现了这种情况,这只股票完全有可能会出现一轮大幅上涨——走势正在上演。对你来讲,这就是支持你自己看法的时候。千万别让自己没有在 25.00 美元买入这种情况而感到恼火。如果你在 25.00 美元买入了,很可能是,你会厌烦等待,在行情启动的时候,就已经卖出了它,因为你一旦以更低的价格卖出了股票,就会产生满腹牢骚的情绪,而在自己应该买入的时候,却无法再次买入。

对我来说,经验证明,在股票和大宗商品投机中真正赚到的钱,都来自于那些自一开始就产生利润的操作。接下来,我会列举一些自己的交易操作实例,这时,你就会看到,我在心理时期进行了自己的第一笔交易。也就是说,当时市场上行力量极其强势,以致这种情况必须继续下去。不是因为我的操作,而是因为这只特定股票背后的力量特别强势。它只有继续上涨,并且也确实出现了上涨。在很多种情况下,就像其他投机者一样,我也没有耐心等待这种确定的时机。我想在所有时间内都持有股票。你或许会说:"既然你经验丰富,为什么还让自己这样做呢?"对此的答案就是,我也是人,也有人性的弱点。就像所有投机者一样,我也会因为不耐烦的情绪,干扰了自己良好的判断力。投机与扑克牌游戏极其相似,不管是得州扑克、桥牌,还是其他类似的游戏。我们中的每一个人,都有人类共同的弱点,都想参与每一局下注,并且,在打桥牌时,我们肯定希望叫足每一手牌。正是我们所有人多多少少具有的这种人性弱点,才成为投资者和投机者最大的敌人,最终,如果没有保护的话,就会导致我们走向毁灭。人类的特性是满怀希望,同时,也会在心中充满恐惧,但是,当你把希望和恐惧带入到投机业务中的时候,就会面临着极大的危险,因为你会混淆这种情绪,在操作中出现相反的情绪状态。

　　举例说明：你以30.00美元的价格买入一只股票。第二天，它迅速拉升到32.00美元，或者说32.50美元。你马上就会开始担心，如果你没兑现利润的话，下一个交易日，可能会看到利润完全消失了，因此，你就会平仓，获得小幅利润，而正是这个时候，你本来应该对这个世界充满信心的。前天，你还没有获得这2个点的利润，你为什么担心失去它呢？如果你能够在一天内赚取2个点的利润，那么，你或许在接下来的交易日内赚取2个或3个点，抑或是，在下一周赚取5个点以上的利润。只要股票表现正常、市场表现正常，就不必急于兑现利润。你知道自己是正确的，因为如果你不是正确的话，根本就不会产生利润。伴随着这种情况，放任利润攀升。它或许会变成一笔巨额的利润，只要市场走势没有向你发出导致担心的信号，那么就要有足够的勇气，并且坚定自己的信念。另一方面，假如你以30.00美元的价格买入股票，第二天，它下跌到28.00美元，出现2个点的损失。你不会担心，接下来的一个交易日可能出现3个点以上的损失。不，你只是把它看作一种暂时的回调，觉得接下来的一个交易日肯定会回补损失。但是，这个时候正应该是你担心的时候。在2个点的损失之后，可能会在第二天又出现2个点的损失，或者说，在接下来的一周或两周内，可能会出现5个或10个点的损失。这正是你应该担心的时候，因为如果你没有出局，可能会在今后被迫接受更大的损失。就是在这个时候，你应该保护自己，在损失变得越来越大之前抛出自己的股票。

　　利润总会自己照顾自己，但是损失却不是这样。投机者必须通过接受最初的小幅损失，确保自己不会蒙受巨大的损失。在这种情况下，他可能保

第一章 投机是一项挑战

留自己的资金账户,以便在未来某一时刻,当他产生了更好的想法时,就可以建仓进入另一次交易,持有在过去犯错时相同数量的股票。投机者必须是自己的保险经纪人,唯一能够让他持续开展自己业务的方法就是,保护自己的资金账户,绝对不要让自己遭受过度损失,从而危及在未来某个时刻,自己的市场判断正确时的操作。尽管我认为成功的投资者或投机者,在市场每一侧进行操作时必须具备充分的理由,但是我觉得他也必须通过某种形式的特定指导法则来确定自己在什么时候开始入市建仓。

让我重复一下,在某一特定的时刻,市场蓄势待发,并且,我坚信,任何具有投机天性并且具有耐心的人,都会设计出某种特定方法,用以指导自己正确判断在什么时候展开最初的操作。成功的投机绝不仅仅是一种纯粹的猜测。要想持续成功,投资者或投机者必须用法则来指导自己。我自己采用的某些指导法则可能对其他人毫无价值。为什么会这样呢?如果它们带来的价值是无可估量的,那么为何它们无法对你产生同样效果呢?对于这一问题的答案是——没有任何指导法则是100%正确的。如果我使用某种特定法则,我自己的独门秘籍,那么我就会知道应该会出现怎样的结果。如果我的股票并没有出现预期中的走势,我马上就会确定,时机还没有成熟,因此,我就会终止自己操作。或许,几天之后,我的指导法则发出信号,我应该再次进入,于是,我就会再次买入,或许,这一次是100%正确的。我相信,任何人只要花时间,努力研究价格走势,应该都能够制定自己的指导法则,这会在未来的操作和投资中给他带来帮助。本书中,我会介绍一些要点,我发现它们在自己的投机操作中很有价值。

许多交易者关注股票走势图或平均指数记录。他们反复推敲研究它们,毫无疑问,这些图表和指数有时会揭示出明确的趋势。从个人角度来看,图表对我没有什么吸引力。我认为,总体来讲,这些图表太混乱了。尽管如此,我在保存交易记录方面仍有着同样的狂热行动,就像其他人坚持画图表一样。他们或许是对的,而我或许是错的。

我自己之所以偏好交易记录,是因为记录法会让我清晰地看到市场上正在出现的情况。但是,只有我开始考虑时间因素之时,我们的交易记录才真正发挥了作用,帮助我预测即将到来的重要走势。我认为,通过保存恰当的交易记录,并且充分考虑时间因素——稍后,我会对此进行详细解释,人们能够以相当可靠的精确度来预测未来的重要走势。但是,做到这一点需要耐心。

让自己熟悉股票,或者熟悉不同的股票板块,并且如果你能够结合自己的交易记录来正确地预测时间因素,那么你迟早能够确定在什么时间出现重要的走势。如果你能正确地解读自己的交易记录,就会在任何板块中挑选出龙头股。重复一遍,你必须亲手保存自己的交易记录。你必须亲手记下自己的数字。不要让别人为你代劳。你将会感到惊讶,在这种情况下,你会产生很多新想法,这些想法都是别人无法给你的,因为它们是你自己的发现,是你的秘密,并且,你应该保留自己的秘密。

在本书中,我指出了一些投资者和投资者不该做的事项。其中一条重要的法则是:人们绝不允许把投机冒险带入到投资中。通常情况下,投资者以投机的心态买入股票的话,就会付出惨重的代价。

你常常会听到投资者说:"我不必担心行情波动或追加保证金。我从来不会投机。当我买入股票时,我是为了投资而买,如果它们出现下跌,终有

第一章 投机是一项挑战

一天,还会涨回来的。"

但是,对这些投资者来讲,不幸的是,他们曾经认为是良好投资而买入的很多股票,之后都遭遇到了基本面的巨变。所以说,这些所谓的"投资型股票"常常会转变成纯粹的投机型股票。一些股票干脆就完全消失了。最初的"投资"伴随着投资者的资金一起化为泡影。这种情况的出现是由于人们没有能够意识到,所谓的"投资型股票"尽管最初买入是为了长期投资,但是可能会在未来遭遇到一系列新情况,这些情况会危及该只股票的盈利能力。在投资者了解这种变化的情况之前,其投资的价值已经大幅缩水了。因此,投资者必须保护自己的资金账户,就像成功投机者在自己投机业务中所做的那样。如果能够做到这一点,那些喜欢称自己为"投资者"的人们,就不会在未来被迫成为不情愿的投机者——信托基金账户价值也就不会大幅缩水了。

你会记得,就在几年前,人们认为把钱投资到纽约—纽黑文—哈特福德铁路公司(New York, New Haven & Hartford Railroad),比存在银行还要安全。1902年4月28日,其每股价格是255美元。1906年12月,芝加哥—密尔沃基—圣保罗(Chicago, Milwaukee & St. Paul)成交价格是199.62美元。就在同一年1月份,芝加哥西北铁路(Chicago Northwestern)每股价格为240美元。同年2月9日,大北方铁路(Great Northern Railway)每股价格是348美元。所有这些公司都派发优厚的股息。

今天,再来看看这些"投资型股票"。1940年1月2日,它们的报价如下:纽约—纽黑文—哈特福德铁路每股价格是0.50美元;芝加哥西北铁路价格是5/16美元,大约为每股0.31美元;大北方铁路每股价格是26.62美

11

元。1940年1月2日，芝加哥—密尔沃基—圣保罗没有报价——但是，1940年1月5日，它的报价是每股0.25美元。

可以很轻松地罗列数百只股票清单，它们在我那个时代被认为是金边投资，但是，今天几乎毫无价值。因此，伟大的投资遭受到了倾覆，那些所谓的保守型投资者的财富也随之烟消云散。

股市投机者也亏过钱。

但是，我认为，可以负责任地说，相对于那些对投资放任不管的投资者所亏损的巨额资金来讲，单单因投机而损失的资金会更少。

在我看来，这些投资者是大赌徒。他们撒下赌注，坚持到底，如果赌错了，他们就会失去所有。与此同时，投机者或许会买入。但是，如果他是一名精明的投机者，他就会意识到——如果他保存交易记录——危险信号正在向他发出警告，一切不是那么乐观。通过马上行动，他会把自己的损失最小化，等待更为有利的时机重新进入市场。

当一只股票开始走低时，没有人能够说清楚它还要下跌多少。同样，股票在一轮大幅上涨过程中，也没有人能够猜到最后的高点。有几个要点要牢记在你的脑海里。要点之一是：绝对不要因为股票似乎是高价而卖出。你可能会看到这只股票从10美元上涨到50美元，并且认为它的价格业已达到过高的水平。这时，要判断它是否会自50美元启动，在良好的盈利状况以及优秀的企业管理支持下，上涨到150美元。在经过一轮长期上涨走势之后，股票价格"似乎是太高了"，很多人做空股票，结果损失了自己的本金。

反过来讲，绝不要因为股票自其前期高点出现了大幅下跌而买入。很

第一章 投机是一项挑战

有可能这种下跌是基于合理的理由。这只股票或许仍然价值偏高而遭抛售——即使当前的价格水平似乎处于低位。尝试忘记它过去的高位价格区间,基于时机和价格的法则来研究它。

看了我的交易方法,会让很多人感到诧异,当我通过交易记录发现股票正处于上涨趋势中的时候,在上涨过程中,只要股票在经过正确回调创出新高后,我就会买入。当我在做空时,也适用同样的方法。为什么？因为我在跟踪当时的趋势。我的交易记录向我发出继续前进的信号！我绝不会在回调时买入,也不会在反弹中做空。

另一个要点是:如果你的第一次交易出现损失,再进行第二次交易就是有勇无谋的行为。绝不要摊低损失,要把这种想法牢记在心头。

第二章

股票何时表现良好？

第二章 股票何时表现良好？

股票,就像人一样,有自己的特质和个性。有些股票敏感、紧张不安并且富有波动性;另一些股票简单、直接、富有逻辑性。人们要了解并尊重各种证券。在各种不同的条件下,它们的走势是可预测的。

市场绝不会保持静止。有时它们会非常平淡,但是它们不会在某一价格上保持静止。它们要么小幅上涨,要么小幅下跌。当股票进入确定的趋势时,它就会自行运转,在其波动过程中,持续地沿特定均线走下去。

在一轮行情开始的时候,你会看到,在几个交易日内,随着价格不断攀升,出现了巨大的卖出成交量。之后,会出现我所称的"正常回调"。在回调过程中,卖出成交量会远远小于前几天上涨过程中的成交量。现在,这种小幅回调完全是正常状态。永远不要害怕正常的波动。但是,务必要对非正常波动有恐惧心。

在1个或2个交易日内,行情会再次启动,同时,成交量也会放大。如果这是一轮真正的行情,在短期内,这种中性的、正常的回调会恢复,并且这只股票也会在新的高位区间内交易。这种行情应该会在几个交易日内维持强势,只会出现小幅的日内回调。早晚有一天,它会达到某个点位,在那里出现另一轮正常回调。当这种情况出现时,应该与第一次回调的情形完全一致,因为这是一种正常的方式,当股票处于明确的趋势之中时,都会出现这种走势。在这轮行情的最初阶段,从前期高点到下一个高点的价差并不会太大。但是,随着时间推移,你就会看到,它会在上涨过程中以更快的速度攀升。

我举例说明一下：假设某只股票在 50 美元启动一轮行情。在这轮行情的第一个阶段，它可能会逐步上涨到 54 美元。1 个或 2 个交易日的正常回调，可能会下跌到 $52\frac{1}{2}$ 美元左右。3 个交易日之后，它再次掉头上涨。在这段时间内，它或许在正常回调出现之前上涨到 59 美元或 60 美元。但是，要是没有出现这种回调，比如说，仅仅下跌了 1 个点或者 1.5 个点，源自这种水平的正常回调会轻易地下跌 3 个点。当它在几个交易日后恢复上涨时，你会看到，这时的成交量并不会像行情启动之初那么大。这只股票变得难以买入。如果出现这种情况，那么在这轮行情中接下来的上涨速度会大大超过之前。这只股票可以轻松地从之前的高点 60 美元上涨到 68 美元左右，其间不会遇到正常回调。当这种正常回调确实出现的时候，回调幅度可能更大。可能会轻易地回调下跌到 65 美元，即便如此，这仍然是一种正常下跌。但是，假如这次回调是 5 个点左右，这只股票用不了太多的时间，就会再次恢复上涨，并且它应该会达到一个全新的高点价位。这里，正是时间要素发挥作用的地方。

对你来讲，千万别让这只股票失去光彩。在你获取了丰厚利润之后，必须保持耐心，但是，别让耐心造成一种思维框框，从而忽视了危险信号。

这只股票再次开始上涨，并且，它在一个交易日内上涨了 6 个或 7 个点，接下来的第二天，可能会上涨 8~10 个点——交易极其活跃，但是在当天的最后一个小时，突然非正常大跌 7 个或 8 个点。第二天早盘，延续昨天的回调，又下跌了 1 个点左右，之后，再次启动上涨，收盘非常强势。但是，

第二章　股票何时表现良好？

在接下来的交易日中,由于某些原因,它没能继续上涨。

这是一种迫在眉睫的危险信号。在这轮行情发展全过程中,它只有中性和正常回调。之后,突如其来的非正常回调出现了——这里的"非正常",我的意思是在同一个交易日内自最高价格回调 6 个点以上,这种事情之前从未出现过,从股票市场角度来看,这种不正常的事情出现时,就是向你发出了危险信号,这种信号绝对不要忽视。

在这只股票自然的上涨过程中,你要有足够的耐心持有股票。现在,也要有勇气和良好的敏感性,尊重这种危险信号,离场观望。

我并没有说这些危险信号始终是准确的,因为如前所述,在股票波动中应用的任何法则都不是 100% 准确。但是,如果你持续在关注它们,从长期来看,就会获得极为丰厚的回报。

从前,一位伟大的天才投机者告诉我:"当我看到市场给我发出的危险信号时,我不会与之争辩。离场退出!几天之后,如果市场各方面看起来一切安好,我总能够再次入市。如此一来,我就为自己节省了大量金钱,也少了很多担忧。"我是这样认为的:"如果我正沿着铁轨前行,看到一列快车以每小时 60 英里的速度向我驶来,我不会傻得原地不动,而是会逃离铁轨,让火车开过去。在它过去之后,如果我愿意的话,总是可以重新回到轨道上。"我总是会记起这席话,它形象地揭示了投机智慧。

每一名富有判断力的投机者都对危险信号保持警觉。令人感到奇怪的是,大多数投机者遇到的麻烦都源自内在的原因,当他们应该斩仓退出的时候,内在的弱点无法让他们产生足够的勇气来果断离场。他们犹豫不决,同时,就在犹犹豫豫的这段时间内,他们看到市场在对其不利的方向又推进了很多点。之后，他们就说："下次反弹时，我就会退出！"当下次反弹出现的时候，不论如何终究会出现，他们就会忘记了最初的意图，因为在他们看来，市场再次转好了。然而，这种反弹只是暂时的反扑，很快就会结束，之后，市场开始真正的下跌。因为他们的犹豫不决，他们仍然在市场中。要是他们利用一种指导法则，它就会告诉他们如何去做，这不仅会为他们节省大量资金，还能有效减轻其担惊受怕的情绪。

我再次重申一下，每个人的人性都是普通投资者或投机者的最大敌人。股票经历了一轮大涨开始下跌之后，为什么不会反弹呢？当然，它会从某个价格水平反弹。但是，凭什么指望它恰好在你想让它反弹的时候反弹呢？很有可能它并不会反弹，并且，如果它确实反弹了，优柔寡断型的投机者或许也抓不住它。

有一部分公众希望把投机看作一种严肃的业务，我试图让他们明白的，并且故意多次重申的法则就是：一厢情愿的想法必须消除；没有一个人可以通过每天或每周进行投机而取得成功；一年只有几次机会，可能是4次或5次，你应该让自己放开手脚进行操作。其间，你要让市场准备下一次大幅行情。

如果你准确地把握住了这轮行情，那么你第一次投入从一开始就会给你带来利润。自此之后，你所需要做的事情就是保持警惕，关注危险信息的浮现，它会告诉你离场，把账面利润转换成真金白银。

请牢记这一点：当你在场外观望的时候，那些觉得自己必须每天进行买入卖出的投机者，正在为你的下一次冒险活动奠定基础。你会从他们的错误操作中获利。

第二章　股票何时表现良好？

投机令人感到太过兴奋。大多数投机者整天在经纪人办公场所捕捉机会，或者是频繁接听电话，在交易日结束后，他们会在一切可能的场合与朋友们谈论市场。他们的脑海中总是充斥着报价和交易。他们全神贯注地投入到小级别的上涨和下跌行情中，以致会错失大级别的行情。当一轮波澜壮阔的趋势展开之时，绝大多数人几乎都会在错误的方向上进行操作。当市场下一次出现重要的变化时，那些坚持从日间小级别行情中获利的投机者，永远不可能再捕捉到机会。

纠正这些弱点的方法是，保存并研究股票价格走势记录，弄清楚它们是如何产生的，同时，还要仔细地考虑时间要素。

多年以前，我听说过一位著名的成功投资者，他住在加利福尼亚山区，接收的都是3天前的报价。每年会有2次或3次，他会打电话给自己在旧金山的经纪人，基于其市场头寸，发出买入或卖出指令。我的一位朋友，曾在这位经纪人的办公室工作过一段时间，对此事感到好奇并四处询问。他得知这个男人竟然离市场设施极其遥远，极少拜访办公室，只是偶尔进行大笔交易才会过来，这个时候，他整个人都惊呆了。最后，他被引见了，在交谈过程中，他向这个人请教，身处偏远山区，他如何在如此遥远的距离跟踪股市。

"哦，"他回答说，"我把投机当成一项事业。要是我自己处于混乱的事务之中，并且自己陷身于微小的变化，那么我就会失败。我喜欢远离市场，这里我可以进行思考。你看，我对市场上出现的事情保存了记录，在这种情况出现之后，它就会让我很清晰地了解市场的现状。真正的行情并不会在一日之内走完。真正的行情需要一段时间才能完成收尾。由于我住在山中，就可以给这些行情留下所需要的足够的运行时间。但是，总有这么一天会到来,当时我从报纸上得到一些价格,并把它们记到自己的记录中。我看到自己记录的价格走势不符合之前一段时期所表现出来的行情走势形态。我马上就会做出决定。我会来旧金山,开始操作。"

这是多年之前发生的事情了。在很长一段时期内,这位来自大山中的投机者,持续不断地从股票市场上赚走了大笔资金。在一定程度上,他在激励着我。让我比以往更加努力地工作,试图把时间因素与自己汇编的其他所有数据结合起来。通过持续不懈的努力,我已经可以把自己的记录协调起来,在很大程度上,这为我预测未来的市场走势提供了助力。

第三章

跟踪龙头股

第三章　跟踪龙头股

经历过一段成功的时间之后,股票市场总会出现诱惑,要么变得熟视无睹,要么变得过度自信。这种情况下,它需要健全的常识和清醒的头脑,保住自己的胜利果实。但是,如果你坚持可靠的法则,只要自己赚得了金钱,就不必再损失掉它。

我们知道,价格会上下波动。它们总是在波动,并且未来也会一直波动下去。我的理论是,在这些重大行情背后是一股无法阻挡的力量。这就是人们需要了解的全部。对价格走势背后所有因素都过于谨慎小心,这样也不好。你的风险就在于一些细枝末节的事情会蒙蔽自己的思想。只要能够认清市场行情已经出现,通过驾驭投机之船,随波逐流,充分利用行情,就可以了。

不要与市场争论,最为重要的是,不要尝试对抗它。

还要牢记,在市场上四处出击是很危险的。对于这一点,我的意思是,不要一次对太多的股票产生兴趣。关注几只股票比关注很多股票要轻松得多。多年前,我就犯过这种错误,让我付出了巨大的代价。

我犯下的另一个错误是,允许自己对整个市场完全转变成看空或看多,因为某些特定板块中的一只股票,已经明确地脱离了整体市场趋势,出现了逆转行情。在进行新的操作之前,我本应该更加耐心,等待另一个板块中的一些股票向我发出信号,其下跌或上涨行情已经结束。最后,其他股票会明确地发出相同的信号。这些都是我本应该等待的关键。

但是，我并没有那样做，迫不及待地进入市场，为自己的冲动付出了巨大代价。如此一来，我让急于求成的心理取代了常识和判断。当然，自己在第一和第二个板块的交易赚到了钱。但是，由于在零点来临之前就进入了其他板块，结果损失了很大一部分原有盈利。

回溯到20世纪20年代末期的疯狂牛市，我明确地看到，铜业类股票的上涨已经接近尾声。之后不久，汽车板块的上涨达到了顶峰。因为这两个板块中的牛市已经终结，我很快就得出错误的结论——自己能够平平安安地卖出其余股票。我不想告诉你，基于这一错误判断的操作，让我损失了多少钱。

尽管我在铜业和汽车股票交易中积累起了巨额的账面利润，但是在接下来的6个月中，由于试图找到公用事业板块的顶部，我损失了更多的钱。最后，该板块和其他板块都达到了顶峰。到这个时候，阿纳康达（Anaconda）成交价格低于之前高点50个点，汽车股差不多也是同样的比率。

我希望让你记住的是，当你明确地看到某一特定板块的未来走势时，就据此采取行动。但是，别让自己在其他板块中按同样的方法进行操作，直到你清楚地看到信号，第二个板块可以跟进。要有耐心并等待下去。你总会在其他板块中获得与第一个板块中同样的信号。不要在市场上四处出击。

把你的股票行情研究集中到当天表现最突出的那些股票上。如果你无法从表现活跃的龙头股上赚到钱，那么从总体上来讲就无法从股票市场中赚到钱。

就像女性的衣服、帽子和人造珠宝的款式会随着时间不断变化一样，股票市场中的老龙头股也会衰落，新龙头股会出现，代替它们的位置。多年

第三章 跟踪龙头股

前,主要龙头股是铁路类股票、美国糖业以及美国烟草。之后钢铁股异军突起,美国糖业和美国烟草被推下历史舞台。再之后,汽车等股票走上历史前台,一直持续到现在。今天,我们的市场上只有4个板块占据着主导位置:钢铁股、汽车股、航空股和邮购股。它们的运行方向决定了整体市场的走势。经过一段时间之后,新龙头股就会走到台前,一些旧龙头股就会退居幕后。只要股票市场存在,这种现象就会延续下去。

一次同时跟踪太多的股票,肯定是一种不安全的做法。你会疲于奔命,内心混乱。尽可能分析相对少数几个板块。你会发现,相比于自己详细分析整个市场来讲,这样会更容易获得明确的认知。如果你准确地分析了4个主要板块中2只股票的走向,那么,你不必担心其他股票的未来走向。这已经成为一种老生常谈式的说法——"跟踪龙头股"。在思想上保持灵活性。请牢记,今天的龙头股在两年之后也许就会失去龙头股的地位。

今天,我保存着4个独立的板块的走势记录。这种情况并不意味着我会同时在所有板块中进行交易。但是,我在自己的脑海中有个真正的目标。

很久以前,当我第一次对价格走势产生兴趣的时候,就决定检验一下自己正确预测未来走势的能力。我总会随身带着一个小本子,记录下模拟交易情况。随着时间的推移,我首次进行了实盘交易。我永远都不会忘记那次交易。我和自己的一位朋友合资,买入5股芝加哥—布林顿—昆西铁路(Chicago, Burlington & Quincy Railway)股票,我每股的利润达到了3.12美元。自那个时候起,我依靠自己的能力成为一名投机者。

在当前市场环境下,我认为,采取巨量交易的老派投机者没有太多成功机会。当我说到旧式投机者时,就会想起以往那些日子,当时市场参与者众多，流动性充裕，投机者可能会建立5 000股或10 000股股票的头寸，并且在市场中买卖的时候，也不会明显地影响到股票价格。

在建立了初始头寸之后，如果这只股票表现正常，投机者就可以从这个时间开始安全地增加头寸。在过去的市场条件下，如果他的判断证明有误，就会轻易地退出自己的头寸，不会遭受太严重的损失。但是，到了今天，如果最初的头寸证明有误的话，他就会在平仓退出时遭受到毁灭性的损失，因为市场相对变得狭窄了。

另一方面，正如我前面所指出的那样，今天的投机者具备了耐心和判断力，可以等恰当的时机进行操作。就个人观点来看，这是一种更好的机会，最终会实现丰厚的利润，因为当前市场不允许自己出现太多的人为操纵，而以往这种操纵行情太过流行，让所有的科学性计算方法都失去了良好的效用。

因此，很明显的事情是，在今天的市场条件下，任何一名明智的投机者，都不会让自己依照多年前的常见头寸规模来进行操作。他会研究板块中特定数量的股票，以及这些板块中的龙头股。他会看好前面的路况后，再向前跳。股票市场的新时代已经来到，这个时代为理智、勤奋、有能力的投资者和投机者提供了更好的机会。

第四章

赚到手的钱

第四章　赚到手的钱

当你在处理富余收入的时候,千万别依靠他人。

无论是处理数百万美元,还是处理几千美元,都适用于同样的道理。这是你自己的钱。只要你小心地守护着,它就会和你在一起。有问题的投机是一种注定会损失金钱的方式之一。

不合格投机者所犯下的重大错误五花八门,各式各样。我曾经警告过摊低成本的操作方式。这是一种最常见的做法。很多人在买入一只股票时,比如说股价是 50 美元,2 天或 3 天之后,如果他们可以在 47 美元价位买进的话,就会受到摊低成本冲动的诱惑,再买入 100 股,平均价格变为 $48\frac{1}{2}$ 美元;在各个方面都会如此。在 50 美元买入 100 股股票,同时,对所损失的 3 个点担惊受怕,再买入 100 股的原因和理由是什么呢? 当股价达到 44 美元时,你就会加倍担惊受怕。到这个时候,你就会在最初的 100 股上遭受到 600 美元损失,而在第二次的 100 股上遭受到 300 美元损失。

如果有人采用这种不合理的规则,他就应该继续在 44 美元买入 200 股来摊低成本,之后在 41 美元买入 400 股,在 38 美元买入 800 股,在 35 美元买入 1 600 股,在 32 美元买入 3 200 股,在 29 美元买入 6 400 股,以此类推。有多少个投机者能够承受这种压力呢? 如果这种策略是对的,那就不应该放弃。当然,正常情况下,这种实例并不会经常出现。但恰恰是这种对投机者不利的异常情况,应该始终保持警惕,以避免灾难的到来。

因此,尽管有唠叨和说教之嫌,我还是强烈要求你,千万不要有摊低成本的想法。

我从经纪人那里了解到了一种确信无疑的内幕消息。这是你的追加保证金通知,当收到这种通知时,马上关闭自己的账户。你在市场的错误一方,为什么要把正确的资金追加到错误的操作中呢?把这些钱留待来日。在更具吸引力的交易中去冒险,而不是在明显亏损的交易中进行冒险。

成功的商人会向各种各样的客户赊账,但是他不愿意把所有商品赊给一个客户。客户的数量越多,风险也就越分散。同理,从事投机业务的人在任何一次投机冒险业务中,也只应该投入资金中的有限部分。对投机者而言,现金就像商人货架上的货物那样。

所有投机者都会犯的一个重要错误是,迫切地希望自己在很短的时间内发财,他们不是要用2年或3年的时间让自己资金取得500%的回报,而是试图在2个或3个月内实现这个目标。有时候,他们会取得成功。但是,这种胆大的交易者会保住这种胜利果实吗?他们不会。是什么原因呢?因为这是一种有风险倾向的钱,会飞快地流转,只会在这些人手里短暂停留。在这种情况下,投机者会失去自己的平衡感。他说:"如果我能够在2个月内赚到500%,想一下,接下来的2个月内,我会做什么!我会财源滚滚。"

这类投机者永远不会感到满足。他们为了取得成功不惜代价,直到某个地方出现问题,最终出事了——某些剧烈的、无法预测的,同时也是毁灭性的事情出现了。最后,经纪人追加保证金的通知来了,当无法满足这种保证金要求时,这种莽撞的投机者就像一盏熄灭的灯。他也许会请求经纪人再多给一些时间,或者说,如果他不是太过不走运的话,可能会保留一些应

第四章 赚到手的钱

急储蓄,可以让他有一个差强人意的新开始。

商人开设一家商店或店铺,在第一年的时候,不会指望自己的投资获得25%以上的回报。但是,对于进入投机领域的人们来讲,25%根本不会放在眼里。他们想获利100%。他的计算存在缺陷;他并没有把投机看作一项业务,也没有依照商业法则来经营它。

这里还有一个或许值得一提的小要点。投机者应该制定一项规则,就是每次结束成功交易时,就兑现一半利润,并把它们积累在一个安全的保险箱中。投资者唯一能从华尔街赚到的钱,就是当他们在结束一笔成功的交易之后,从其账户中提出来的钱。

我想起来在棕榈滩的一天。我在离开纽约时,持有相当大规模的空头头寸。在我到达棕榈滩几天之后,市场出现了一轮剧烈的暴跌行情。这是一次把"账面利润"兑现成真金白银的机会,我也这么做了。

市场收盘后,我给电报员发了一条信息,让他通知纽约办公室马上汇100万美元,存到我的户头上。电报员几乎晕过去了。在发出信息后,他问我,他是否可以收藏那张单子。我问他原因。他说,从业20年来,这是他第一次发送要求经纪人为客户的账户汇款的消息。他还说:"经纪人通过电报网络发出数以千计的信息,要求客户追加保证金。但是,之前没有一个人像你这样。我想把这张单子给孩子们瞧瞧。"

普通投机者从其经纪人账户中取钱的唯一机会是,他没有建立任何头寸,或者是他产生了额外的权益资产。当市场对他不利的时候,他不会取钱出来,因为需要自己所有的资金来充当保证金。在结束一笔成功交易之后,他也不会提钱出来,因为他会对自己说:

33

"下一次,我会赚到双倍。"

结果就是,大多数投机者很少会看到金钱。对他们来讲,金钱不是真实的,看不见摸不着。多年以来,在一笔成功交易结束之后,我会习惯性地提取现金。我通常每一笔提取200 000美元或300 000美元。这是一项好策略,这是一种心理价值。把这种做法当成你的一种策略。把金钱数一遍。我确实这样做过,我知道自己手里有什么东西,这是真实的。

经纪人账户中的钱或者银行账户中的钱和手里的钱是不一样的,你可以用自己手指时常感觉到它,之后,这就有了某种意义,这是一种占有的感觉。它会略微减轻自己做出莽撞交易的冲动,这种交易会让你的盈利遭受损失。因此,一定要经常看一眼自己真正的金钱,特别是在你的两次市场交易之间。

部分普通投机者在这些方面存在着极度散漫的毛病。

投机者遇到好运,最初投入的资金翻倍,这个时候,他应该立即提出自己的一半利润,存放起来作为储备金。很多种情况下,这种策略对我都是极为有益的。唯一的遗憾是,我没在自己的整个职业生涯过程中始终如一地贯彻这项策略。在某些时候,它本来会让我走得更稳一些。

我从来没有在华尔街之外挣到过一个美元。但是,我在华尔街赚取的利润中,"投资"到其他事业,这让我损失了数百万美元。在我的印象中,这些事业包括佛罗里达房地产泡沫、油井、飞机制造,以及与新发明产品相关的改良和营销,我总是会输光每一分钱。

在这些华尔街之外的事业中,曾经有一次激发了自己的强烈兴趣,想方设法地让我一位朋友投入了50 000美元。他极其认真地听完了我的讲解。

第四章　赚到手的钱

当我说完的时候,他说:"利维摩尔,你绝不可能会在自己的专业领域之外取得成功。现在,如果你想要50 000美元来投机的话,随时都可以拿走。但是,请你仅限于投机,远离那桩生意。"

第二天早上,让我吃惊的是,邮局送来了一张50 000美元的支票,尽管我并没有开口。

这里,又一次的教训是,投机本身就是一项业务,所有人都应该如此看待。千万别让自己受到激动情绪、阿谀奉承或者是利益诱惑的影响。务必牢记,经纪人有时候会在无意中成为很多投机者失败的原因。经纪人在这项业务中赚取佣金。如果没有客户进行交易,他们就无法赚到佣金。交易越多,佣金越丰厚。投机者希望进行交易,经纪人不仅欢迎他们交易,而且还会常常鼓励他们去过度交易。无知的投机者把经纪人当作自己的朋友,很快就开始过度交易了。

现在,如果这名投机者足够精明的话,就会知道自己应该在什么时候过度交易,那么,这种做法才是正确的。或许,他知道自己什么时候能够,或者是应该进行过度交易。但是,一旦养成了这种习惯,很少有投机者能够明智地停手。他们会被深深地吸引住,失去那种特殊的平衡感,而它对成功来讲是极为重要的。他们绝对不会想到自己也有错误的那一天。但是,这一天最终还是会来到。这种容易赚到的钱飞走了,又一名投机者破产了。

除非你知道自己这么做的时候,资金有安全性,否则绝对不要进行任何交易。

第五章

关键点

第五章　关键点

无论在什么时候,在我开始交易之前,都要耐心等待我所谓的"关键点"出现,这种情况下,我总会在操作中获利。

为什么?

因为在行情启动的时候,我就在心理时间进行操作。我永远不会为损失而感到焦虑,原因很简单,我在自己的指导法则发出信号时果断行动,同时,开始在正确的方向上增加头寸。之后,我所做的只是静观其变,让市场行情自行演化,我知道,如果我这样做了,市场自身的走势会在恰当的时间,给我发出获利了结的信号。无论什么时候,我都有胆量和耐心等待这种信号的出现,它绝不会出现意外。我的经验总会告诉我,如果自己没有在行情启动后不久就及时入市,那么就不会从这轮行情中获利太大。原因在于,我错过了利润的储备,对于能够在行情发展直至结束这段时间内保持勇气和耐心,这是一种十分必要的因素。在行情最终走完之前,市场必定会时不时地出现小级别的回调或反弹,在此过程中,只有具备勇气和耐心才能够做到静观其变。

就像市场会及时向你发出何时入市的信号一样——如果你耐心等待,可以同样肯定的是,市场也会向你发出何时退出的信号。"罗马不是一日建成的。"真正的重大行情不会在一天或一周之内结束。对一轮行情来讲,需要一段时间完成合乎逻辑的过程。重要的是,市场行情的大部分上涨出现在最后 48 个小时,这是建仓最重要的时间。

例如，假定某只股票在下跌趋势中运行了很长一段时间，触及低点 40 美元。之后，它在几个交易日内迅速反弹到 45 美元，再之后，股价回落，几周之内始终在几个点的区间内横盘，随后，它开始继续反弹，最终触及 $49\frac{1}{2}$ 美元。市场在几天内出现了清淡、不活跃的行情。之后，在一个交易日内，它再次变得活跃起来，下跌了 3 个或 4 个点，之后，继续下跌，最终，触及关键点 40 美元附近的某个价格。就是在这个时候，应该仔细地观察市场，因为如果这只股票确实迫切地要恢复下跌趋势的话，它应该下跌到关键点 40 美元下方 3 个点以上，之后，才会出现另一轮重要反弹。如果它没有跌破 40 美元，只要它从这次回调中出现的价格低点反弹 3 个点，那么这就是一种买入信号。如果跌破了 40 美元，但是并没有跌到其下方 3 个点，那么只要它上涨到 43 美元，就应该买入。

如果上述两种情况出现，你就会发现，在大多数情况下，这标志着一轮新趋势的启动，并且，如果该趋势以一种积极的形式被确认，那么它就会继续上涨，会触及关键点 $49\frac{1}{2}$ 美元上方的价格——至少 3 个点。

在界定市场趋势的时候，我没有使用"牛市"或"熊市"这样的字眼，因为我认为，很多人在听到"牛市"或"熊市"这样的字眼时，马上就会联想到，市场会在相当长一段时间内按照"牛市"或"熊市"的方式运行。

这种明确界定的趋势并不会经常出现——大约 4 年或 5 年出现一次，但是，就在这段时间内，也存在很多明确界定的趋势，但持续的时间相对较短。因此，我使用的是"上涨趋势"和"下跌趋势"这种字眼，因为它们会充分表明市场在特定时间内的未来走势。另外，如果你认为市场将会步入上涨

第五章 关键点

趋势而买入，几周之后，得出市场将会进入下跌趋势的结论，那么你就会发现，自己会很容易地接受趋势的逆转，然而，如果自己持有明确的观点，认为市场处于确定的"牛市"或"熊市"阶段，那就很难转变自己的观点了。

利维摩尔方法将时间要素和价格相结合，这是他30多年研究各种交易法则的结果，能够为自己对下一次重大市场行情提供基本指导。

在第一次做了行情记录后，我发现，这并没有给自己带来多少帮助。几周之后，我有了一个新思路，激发我重新努力研究，不料却发现，这次比第一次有所改善，但是，仍然没有提供给我自己所渴望的信息。持续不断的新想法浮现在我的脑海，我制作了一系列的行情记录。渐渐地，在我做了大量记录之后，开始形成了之前从未有过的想法，我制作的每一条连续的记录，开始形成了更好的形态。但是，自我开始把时间因素和价格走势相结合的那个时候起，记录开始对我说话了！

此后，我用不同的方法把每一条记录整合起来，最终，这些记录可以让我确定关键点，反过来讲，也证明了如何从市场角度来利用关键点获利。自那个时候起，我多次改进了自己的计算方法，并且，今天这些记录同样可以用对你讲话的方式组合起来——如果你想让它发挥这种作用的话。

当投机者能够确定股票的关键点，并能够解释这个点位的走势时，可能就有把握确认自己最初的操作会取得良好开局。

很多年以前，我就开始通过最简单的关键点交易来获利。我经常会看到，当股票价格在50美元、100美元、200美元，甚至300美元的时候，在突破这种点位之后，几乎总会不可避免地出现一种快速的直线走势。

我首次尝试利用这些关键点获利出现在旧阿纳康达股票交易中。这只股票一达到 100 美元时，我就马上下达了买入 4 000 股的指令。几分钟后，当这只股票价格穿越 105 美元时，才完成了交易指令。当天，它飙升了大约 10 个多点，并且第二天，又出现了大幅飙升。在短时间内，股价继续上涨，明显地突破了 150 美元，其间仅仅经历了几次 7 个或 8 个点的正常回调。100 美元这个关键点从来没有受到过威胁。

从那时起，当关键点发挥作用的时候，我很少会错过一轮大行情。当阿纳康达股价达到 200 美元时，我再次进行了成功操作，当股价达到 300 美元时，我再次做了相同的操作。但是，最后一次，它并没有突破到恰当的幅度。只是上涨到了 $302\frac{3}{4}$ 美元。很显然，这是正在发出危险信号。因此，我卖出了自己的 8 000 股，幸运的是，其中 5 000 股获得了每股 300 美元的成交价格，1 500 股的成交价格是 $299\frac{3}{4}$ 美元。这 6 500 股在不到 2 分钟内就卖出了。但是，卖出剩下的 1 500 股用了 25 分钟以上的时间，每笔为 100 股和 200 股，一直下跌到了 $298\frac{3}{4}$ 美元，这也是该股的收盘价。我相当自信地认为，如果这只股票跌到 300 美元下方，它就会出现一轮快速下跌。第二天早盘，市场上出现了骚动。阿纳康达在伦敦市场上一路下跌，纽约市场开盘时出现了大幅低开，在几个交易日之内，就下跌到了 225 美元。

务必牢记的是，在预测市场走势中运用关键点的时候，如果这只股票并在突破关键点之后没有出现预期中的走势，就是一种必须密切关注的危险信号。

如以上的例子所示，阿纳康达股价突破 300 美元之后，其走势与突破

第五章 关键点

100美元和200美元时的走势全然不同。在以上两种情况下,当股价突破关键点之后,极其迅速地上涨了至少10~15个点。但是,这一次,该股不仅没有出现难以买入的情况,而且市场出现了大量的抛盘——抛盘程度很严重,达到了无法让这只股票继续上涨的程度,因此,该股在300美元上方的走势清晰地表明,它已经成为一只充满危险的股票。这种情况清楚地表明,当一只股票突破自己的关键点时,通常出现的事情与这一次的实际情况大相径庭。

在另一个例子中,我记得在开始买入伯利恒钢铁(Bethlehem Steel)之前等待了3周的时间。1915年4月7日,它达到了创纪录的最高价格:$87\frac{3}{4}$美元。在观察到这只股票在突破关键点后迅速走高,并且确信伯利恒钢铁会突破100美元,4月8日,我首次下达买入指令,一路收集筹码,直到其上涨到$99\frac{3}{4}$美元。就在同一天,这只股票上涨到了高点117美元。它毫不停顿地一路飞涨,其间只有小幅的回调,直到4月13日,或者说5天后,当时它的股价达到了高点155美元,这是一轮惊人的上涨。这种情况再一次说明,如果人们有耐心等待关键点出现并充分利用的话,就会获得丰厚的回报。

但是,我在伯利恒钢铁股票上的操作还没有完。我在200美元、300美元以及惊人的400美元,都反复进行了操作。我仍然没有做完,因为当这只股票在一路下跌过程中跌破了关键点时,我已经预测到了熊市中将会出现的情况。我知道,重要的事情是观察随后的演变。我发现,当股票突破这条线之后失去活性的时候,它很容易掉转方向,也很容易退出仓位。

顺便说一下,每次我失去耐心,没有等待关键点出现,并且在此期间胡乱追求一些快速获利交易,我都会亏钱。

自那些日子以来,高价股出现各式各样的分拆,相应地,我刚才介绍的那些机会出现的频率就不太多了。然而,人们还可以通过其他的方法来确定关键点。例如,假如在过去的2年或3年内有一只上市的新股,其高点是20美元,或者是其他某个价格,并且,这个价格是过去2年或3年内出现的。如果出现了对该公司利好的消息,这只股票开始上涨,通常情况下,它一触及全新高点就买入,这是一种稳妥的操作方法。

股票上市开盘价可能是每股50美元、60美元或70美元,下跌20点左右,之后在高点和低点之间维持1年或2年。随后,如果它曾跌破前期低点,那么这只股票可能会出现一轮大幅的下跌。为什么呢?因为这家公司的业务必定出了问题。

通过保存股价记录,并仔细考虑时间因素,你就能够找到很多关键点,在此基础上,针对快速行情进行操作。但是,训练自己在这些点位进行交易,需要足够的耐心。你必须花时间来研究记录,只能亲自收集和填入记录册,并且亲手标出在什么价位会出现关键点。

这项工作有着几乎令人难以置信的迷人魔力,你会发现,对个人研究而言,研究关键点是一个金矿。基于自己的独立判断取得成功交易,你会从中获得一种独特的快乐和满足感。你会发现,通过这种方法取得盈利所带来的成就感,远远超过了通过内幕消息或其他人指导产生盈利时的成就感。如果你亲自寻找机会,根据自己的方法进行交易,训练耐心,关注危险信号,那么,你就会培养出良性思维模式。

在本书的最后一章中,我会结合利维摩尔市场方法,详细解释自己确认

第五章 关键点

更复杂关键点的独特方法。

根据偶尔获得的内幕消息或者其他人的建议进行交易,几乎没有人能够从中赚到钱。很多人乞求信息,之后,却不知道如何利用。

在一次晚宴上,有位女士纠缠着我,让我给她一些市场建议,简直是无法忍受了。一时心软,我告诉她买入一些塞罗德·帕斯科(Cerro de Pasco),当天,这只股票已经突破了关键点。从第二天早盘开始,这只股票在接下来的一周内上涨了15个点,其间仅有无关痛痒的回调。之后,这只股票的走势发出了第4次危险信号。我想起了那位女士的询问情况,马上让我的夫人打电话给她,让其卖出。我惊讶地得知,她根本没有买入这只股票,因为她想先看看我的信息是不是准确。市场小道消息的情况就是这样的摇摆不定。

大宗商品市场经常会出现极具吸引力的关键点。可可粉在纽约可可粉交易所进行交易。在大多数时间内,这种大宗商品的走势并不会产生太多投机诱惑力。然而,在投机业务中,人们自然会关注所有的市场,寻找巨大的机会。

1934年,12月可可粉期权的最高价格6.23美元出现在2月份,低点4.28美元出现在10月份。1935年,高点5.74美元出现在2月份,低点4.54美元出现在6月份。1936年,低点5.13美元出现在3月份。但是,当年8月份,由于某些原因的出现,可可粉市场变成了一种情况截然不同的市场,出现了剧烈的市场波动。可可粉在那个月份的价格达到6.88美元,这远远超过了之前2年的最高价格,同时,也高于最近的2个关键点。

9月份,可可粉的价格达到高点7.51美元;10月份价格高点达到8.70

美元;11月份价格高点达到10.80美元;12月份为11.40美元;1937年1月份,达到了创纪录的高点12.86美元,在5个月的时间内取得了600点的上涨幅度,其间只有几次小幅的正常回调。

显然,这种快速上涨的情况,具有十分充分的理由,因为多年以来可可粉市场只出现过正常的波动。原因就在于可可粉供给的极度短缺。这些受到密切关注的关键点,找到了可可粉市场中的绝佳机会。

你在自己的记录本上抄下价格,并观察这种形态,正是这种时候,价格开始对你说话了。你突然间意识到,你勾勒的图表正在表现出某种特定形态。它会尽力让你弄清楚正在出现的情况。建议你回顾自己的记录,观察一下在类似的情况下,最近一次重要走势是什么样子的。它在告诉你,通过详细分析和良好判断,你可能形成自己的观点。这种价格形态提醒你,每一次重要的走势都只是类似价格走势的重复。正因如此,一旦你熟悉了过去的走势,就能够正确地预测并应对未来的市场走势,并从中获利。

我打算强调一个事实,那就是除了这些行情记录给我提供帮助之外,我并不认为它们是完美的。我确实也知道,预测未来走势需要一个基础,并且,只要任何人愿意研究这些记录,亲自保存它们,那么他们在自己的操作过程中就不可能无法获利。

如果将来有人采纳我记录行情的方法,从市场上获得比我还要多的利润,那么我对这种情况的出现丝毫不会感到惊讶。这句话基于这样一个前提,那就是,尽管我是在之前一段时间得出自己结论的,这是我对记录分析的结果,但是用过这种方法的人,可能会很容易地发现我错失过的新价值点。把这说得更清楚一点,那就是说,我还没有寻找进一步的要点,因为我

第五章　关键点

在过去一段时间内用过这种方法,它完全能够符合我的个人目的。然而,其他人也许可以从这种基础方法中产生新的想法,在应用的时候,就会提升我的基础方法的价值,更加符合他们的目的。

如果他们能够做到这一点的话,你可以确信,我不会嫉妒他们的成功!

第六章

错失 100 万美元

定价 100 万美元

第六章　错失 100 万美元

之前几章的目的是阐述一些通用交易法则。在此之后，将会着重讲解我将时间因素和价格结合起来的法则。

在考虑这些通用交易法则的过程中，应该指出的是，太多的投机者在冲动地买入或卖出，几乎在同一个价格上买入全部头寸。这种做法是错误而危险的。

我们假设，你想买入 500 股股票。开始先买入 100 股。之后，如果市场上涨，就再买入 100 股，以此类推。但是，每次连续的买入必须是买入价格高于之前的价格。

在卖空的时候，也应该应用同样的法则。绝对不要再次卖出，除非这次卖出的价格低于之前的卖出价格。通过遵循这项法则，相比我熟悉的其他方法来讲，这样会让你更加接近市场的正确一边。遵循这一过程的原因在于，你的交易在所有时间内都会产生盈利。交易给你带来了利润，这一事实证明你做对了。

在我的交易实践中，你首先要估计特定股票的情况。接下来，重要的是确定自己应该在什么价格进入市场。研究你的价格记录本，仔细研究过去几周的走势。如果行情真正启动了，当你选择的股票达到了自己之前确定它应该达到的点位时，你第一次买入的时机就到了。

采取操作之后，明确地确定，万一你的计算出现错失，自己愿意承受多大的风险金额。根据这种理论，你可能会出现 1 次或 2 次发生损失的操作。

但是，保持一贯性，无论在什么时候达到你的关键点，都要重新进入市场，当真正行情确实出现的时候，你必定要在市场之中。你根本不可能丧失机会。

但是，仔细分析时机是必要的工作，缺乏耐心将会付出惨重代价。

我来告诉你我曾经犯的一个错误，由于缺乏耐心并且没有仔细分析时机，与100万美元的利润擦肩而过。当我谈到这件事情的时候，都会觉得尴尬，几乎觉得无脸见人。

很多年之前，我强烈地看涨棉花。产生了一个确定的看法，棉花会出现一轮大涨行情。但是，就像经常出现的事情一样，市场本身并没有准备启动。然而，我一得出这种结论，就一头扑进了棉花市场。我最初在市场中收集了2 000包筹码。该买入指令把这个清淡交易的市场迅速推升了15点。之后，在我最后100包买入成交后，市场开始下挫，在24个小时内，就下跌到了我最初买入的价格。市场在这个价格上停滞了很多个交易日。最后，我感到无比沮丧，卖出了全部头寸，损失了大约30 000美元，包括佣金在内。自然，最后100包是按这次回调中的最低价格卖出的。

几天后，市场再一次对我产生了吸引力。这在我的脑海中挥之不去，我无法改变最初的信念，棉花市场会出现一轮大涨行情。因此，我再次买入了20 000包。同样的事情又出现了。由于我的买入指令，市场出现跳涨行情，完成之后，就"呼"的一声跌到了原点。等待让我感到无比恼火，因此，我再次卖出了自己的持仓，最后一笔又是按最低价成交。

在6个星期内，我反复进行了5次这种代价不菲的交易，每次操作的损失在25 000美元至30 000美元之间。我对自己深恶痛绝。这时，我已经一点

第六章　错失100万美元

一点地损失了将近200 000美元,却没有品尝到一丁点儿乐趣。因此,我给经理下达指令,让他在我第二天早晨到达办公室之前把棉花行情报价器搬走。我不想再禁不住诱惑去看棉花市场的行情。实在是太令人沮丧了,在投机领域,无时无刻不需要一个清醒的头脑,但这种情绪对此无济于事。

到底出现了什么情况呢？就在我让人搬走报价器并对棉花市场完全失去兴趣的两天后,市场开始启动上涨,它马不停蹄地直线上涨了500点。在那轮出现巨大涨幅的过程中,仅仅出现了一次40个点的回调。

因此,尽管我已经预测了这次最具吸引力同时最强劲的一轮行情,但是却没有抓住。这里有两个基本原因。首先,我缺乏等待的耐心,没有等待心理时间的到来,也没有等到价格合适的时候才入市交易。我知道,要是棉花价格每磅上涨到 $12\frac{1}{2}$ 美分的话,它就会一路上涨到更高的价格。但是事与愿违,我没有足够的意志力来等待时机的来临。我认为,在棉花触及买入点之前,自己必须迅速赚一些快钱,因此,在市场机会成熟之前,我就采取了操作。我不仅损失了大约200 000美元的真金白银,还失去了赚取1 000 000美元利润的机会。依照我原来的计划,在突破关键点之后,准备买入100 000包筹码,这个计划已经深深地印到了脑海中。本来,我不会错失赚取200点利润机会的,甚至在这轮行情中,还会赚到更多。

其次,纵容自己对棉花市场出现愤怒和厌恶的情绪,只是由于自己判断出现了错误,这种情况并不符合稳健的投机流程。我的损失完全是由于缺乏耐心,没有等待恰当的时机来支持预先形成的看法和计划。

很久以前,我就知道,当出现错误的时候,不要为自己找借口,这也是所有人都应该知道的。只是要承认错误,并尝试从中获益。我们都知道自己在什么时候是错误的。市场会告诉投机者:他在什么时候是错误的,因为他这个时候正在损失金钱,当他开始意识到自己正在犯错的时候,这正是他平仓出局的时机,接受损失,尝试保持情绪健康,研究交易记录,确定自己错误的原因,并且等待下一次大机会来临。他所在意的只是一段时间内的净利润。

甚至在市场告诉你犯错之前,就能及时感觉到这种情况。这是一种潜意识的预警。这种源自投机者内心的信号,基于对过去市场行情表现的了解。有时,这是交易准则的预演。让我来更加全面地解释一下。

在20世纪后期的大牛市期间,有时候,我会持有数量相当大的不同股票,同时,会在相当长的时间内持有它们。就在这段时间内,尽管自然回调时不时地出现,但我从来没有对自己的头寸感到有压力。

但是,迟早有一天,在市场收盘之后,我会感到力不从心,而且这种时刻一定会出现。那天夜里,我会发现自己难以入眠。一些事情慢慢进入我的意识中,自己就会醒来,开始思考市场的情况。第二天早上,几乎会害怕阅读报纸。一些凶兆似乎正在来临。但是,我也许会发现所有事情都很美好,自己那种奇怪的感觉显然站不住脚。市场也许会高开。它的走势也会是完美的。它会恰好处于行情的顶部。人们可能会暗自嘲笑自己的不眠之夜。但是,我已经学会如何来控制这种可笑的情况了。

第二天,这个故事将会截然相反。没有灾难性消息,而只是市场在某个方向上运行太长时间后突然出现的一个转折点。在那一天,我会真正地忙碌不堪。我会面临着迅速出清大量筹码。前一天,我本来可以在最高价格2

第六章 错失100万美元

个点内出清全部头寸。但是,今天,情况出现了天壤之别。

我认为,很多操盘者都有过类似的经历,当市场上的事情闪耀着希望的光芒时,充满求知欲望的内心常常会闪现出危险信号。这只是一种特殊的敏感性,它源于对市场的长期研究和接触。

坦率地说,我总是会怀疑内心的警告,一般情况下,宁愿采用冷静的科学法则。但是,事实就是那样,在很多种情况下,当我似乎航行在平静海面上的时候,内心会产生一种极度的不安情绪,通过密切地关注这种感觉,自己受益匪浅。

这种交易趣闻颇有意思,因为危险在前面的那种感觉,似乎只能被那些对市场敏感的人们感受到,在寻求确定价格走势的过程中,他们的想法会遵循着科学的形态。对于老百姓来讲,牛市或熊市的感觉只是基于道听途说的事情,或者是基于一些公开发表的评论。

请牢记,在各种各样市场中进行投机的数百万人中,只有少数人会把全部时间都花在投机上。对于绝大部分人来讲,投机只是一种偶然随意的事情,同时,也是一件代价高昂的事情。即使在精明的商人、专业人士和退休人士中间,这也只是一种关注不太多的事情。如果不是经纪人或客户有时向他们提供一些诱人小道消息的话,他们大多数人都不会进行股票交易。

一些人偶尔会开展交易,是因为他从某家大公司内部委员会的一位朋友那里获得了一条热门的内幕消息。这里,我来提一个假设中的例子。

你在午宴或晚宴中遇到了一位企业界朋友。你们讨论了一会儿大盘情况。之后,你问及非常出色公司(Great Shakes Corporation)的情况。不错,业务进展良好。它根本上来讲已经转危为安了,并且前景光明。是的,现在这只股票很有吸引力。

"确实是一个非常好的买入良机,"他说道,同时,也许是诚心诚意。"我们的盈利将会很出色,实际上,比过去几年都要好。吉姆,你肯定记得,上一次我们业务发达的时候,股票价格是多高。"

你心情激动,迫不及待地买入了这只股票。

每份财务报表都显示出,当季业务好于上季。公司宣布派发额外股息红利。这只股票价格涨了又涨。你做起了美梦,期待账面上利润越来越多。但是,随着时间的推移,这家公司的业务开始出现迅速下滑。没人告知你这个情况。你只是知道这只股票的价格已经急剧下跌了。于是,马上打电话给自己的那位朋友。

"是的,"他回答道,"这只股票已经下跌了相当大的幅度。但是,这种情况似乎只是暂时的。业务量只是略有下降。我已经知道了这个情况,看空人士袭击了这只股票。这种情况主要是由卖空造成的。"

他或许还会接着说一大堆其他的陈词滥调,掩盖真正的原因。毫无疑问,由于他和自己的同伴持有大量股票,自从在其业务出现第一次严重下滑的明确信号,只要市场能够承受,他们就开始尽可能多、尽可能快地抛售股票。告诉你这种真正的情况,只会让你加入到竞相抛售的队伍,或许在他的抛售阵营中,还会有你们共同的朋友参与。这几乎已经成为自我保护的问题了。

因此,很容易就会明白,你的朋友,这位行业专家,为什么会轻易地告诉你何时买入股票。但是,他不可能、也不愿意告诉你何时卖出股票。这种情况几乎相当于是对他自己伙伴的一种背叛了。

第六章　错失 100 万美元

我劝你要始终随身携带一个小笔记本。简要记下有趣的市场信息；对未来有益的想法；时不时可以重新思考的主意；自己对价格走势的一点个人观察。在这个小笔记本的第一页，我建议你写下——不，最好是用墨水打印上去。

"当心内部消息……所有内部消息。"

在投机和投资领域，说得最多的一句话就是，成功只会属于那些为它尽力工作的人们。没有人会送给你可以轻易大笔赚钱的机会。这种情况就像那个穷困流浪汉的故事。饥饿让他壮起胆子走进餐馆，点了一份"巨大的、美味的、厚厚的、多汁的牛排"，同时，他还对黑人服务员说，"让你们老板快一点儿"。不一会儿，服务员慢慢走回来，嘀咕道："老板说，要是有这样牛排的话，他自己就吃了"。

即便身边有轻松赚钱的机会，也没有人会愣把它放进你的口袋。

第七章

300万美元的盈利

第七章 300万美元的盈利

在上一章，我讲述了由于自己没有耐心，错失了一次本来可以净赚一大笔利润的机会。现在，我会描述一个成功的案例，这次，我静候时机的发展，等待心理时间的到来。

1924年夏天，小麦已经达到了我所说的关键点，因此，我进入市场，最初的买入指令是500万蒲式耳。当时，小麦市场是一个极其庞大的市场，以致在执行这种规模买入指令的时候，没有对价格产生明显的影响。这里，我来说明一下，类似的买入指令在某只个股上，相当于买入50 000股。

就在这个买入指令完成之后，市场马上就变得沉闷，这种情况持续了好几天，但是，从来没有跌到过关键点下方。之后，市场开始再次上涨，比之前高点上涨了几美分，从这个点位开始，市场出现了自然回调，再次持续了几天的沉闷行情，在此之后，恢复了上涨。

一旦市场突破了下一个关键点，我就会发出再买入500万蒲式耳的买入指令。这次的执行均价高于关键点 $1\frac{1}{2}$ 美分，对我来讲，这种情况清晰地表明，市场正在准备进入强势状态。为什么？因为相比第一次买入的500万蒲式耳来讲，第二次买入增加了更多的困难。

第二天，市场没有像第一次指令完成后那样出现回调，而是上涨了3美分，如果我对市场的分析正确的话，这种情况恰好就是它应该出现的情况。从这以后，市场形成了一轮可以真正称为牛市的行情。对于牛市，我指的是市场启动一轮长期的行情，根据我的计算，上涨行情要持续几个月的时间。然而，我并没有基于安全意识到未来行情的所有潜力。之后，当每蒲式耳利润达到 25 美分的时候，我就获利了结——退出旁观，眼看着市场在几天之内就又上涨了 20 多美分。

就在那个时候，我知道自己已经犯了大错。为什么自己要担心失去那些从来没有真正拥有的东西呢？总体来讲，我是太急于把账面利润兑现成真金白银了，当时，我本应该多些耐心，鼓起勇气，把这次交易进行到底。我知道，在恰当的时间内，上涨趋势已经达到了关键点，市场会在最佳的时间内发出危险信号。

因此，我决定再次进入市场，以高于自己第一次卖出价 25 美分的平均价格重新买入头寸。一开始，我只敢投入一次，相当于我第一次卖出量的 50%。但是，自此开始，我就坚持持仓，直到危险信号发出警示。

1925 年 1 月 28 日，5 月小麦合约价格处于每蒲式耳 2.05 美元的高位。2 月 11 日，它回调到了 1.77 美元$\frac{1}{2}$美分。

就在小麦市场出现这种惊人上涨的过程中，另一种大宗商品——黑麦，出现了比小麦还要波澜壮阔的行情。然而，相对于小麦市场来讲，黑麦市场是很小的市场，以致执行一个相对较小的买入指令，也会导致价格快速上涨。

就在以上描述的操作期间，我个人经常在市场上大规模交易，并且，也有其他人进行着相同的大规模交易。据说，有一位操盘手吸筹了几百万蒲式耳期货，除此之外，还买入了数百万蒲式耳现货小麦，同时，为了支撑自己

第七章 300万美元的盈利

在小麦市场的头寸,他也吸筹了大量的现货黑麦。还据传,当小麦市场开始出现行情不稳的时候,他就开始下达黑麦买入指令,利用黑麦市场来提供支撑。

如前所述,黑麦市场是一个相对较小、相对狭窄的市场,执行任何大规模的买入指令,马上就会导致一轮快速上涨,同时,它对小麦价格的反映必然是非常显著的。无论在什么时候,只要有人采用这种方法,人们就会冲进市场买入小麦,结果就是,小麦的大宗商品价格也上涨到了新高区间。

直到主要行情走到尾声的时候,这一过程始终成功地进行着。就在小麦出现回调的时候,黑麦市场也以相应的方式出现了回落,从1925年1月28日创下的最高价格1.82美元$\frac{1}{4}$美分,下跌到了1.54美元,回调了$28\frac{1}{4}$美分,相应的小麦回调了$28\frac{3}{8}$美分。3月2日,5月小麦合约回升到了距离前期高点$3\frac{7}{8}$美分的价位,价格为2.02美元,但是,黑麦并没有像小麦市场那样出现下跌逆转行情,只能回升到1.70美元$\frac{1}{8}$美分的价格,这低于其前期高点$12\frac{1}{8}$美分。

我密切关注着市场,就在那段时间内,内心受到强烈冲击,有些方面可能出现了问题,因为在整个大牛市期间,黑麦必然领先于小麦。现在,它不仅没有成为引导整体谷物市场上涨的龙头,反而落后了。小麦已经恢复了这轮不正常回调的大部分失地,而黑麦却没有做到这一点,每蒲式耳大约落后了12美分。这种走势是一种全新的情况。

因此，我开始着手进行分析，目的是确认黑麦没有与小麦同比例反弹的原因。这个原因很快就水落石出了。人们对小麦市场抱有浓厚的兴趣，但是没有人对黑麦市场产生兴趣。如果黑麦市场是一个单人市场的话，那个人为什么会在突然之间忽视了它呢？我得出的结论是，他要么对黑麦市场失去了所有兴趣，平仓出局，要么是他重仓投入两个市场，这时，已经没有再多的资金进一步加仓了。

之后，我做出决定，无论他是否还在黑麦市场中，这都是无关紧要的事情——从市场角度来看，两种情况的结果都是相同的，因此，我开始检验自己的理论。

黑麦市场的最新报价是 1.69 美元 $\frac{3}{4}$ 美分，我决定去查清楚黑麦真实头寸的情况，我发出卖出指令，"以市价"卖出 200 000 蒲式耳黑麦。当我下达那个指令的时候，小麦的报价是 2.02 美元。在该指令执行之前，每蒲式耳黑麦下跌了 3 美分，在指令完成之后的 2 分钟，价格又重回到了 1.68 美元 $\frac{3}{4}$ 美分。

通过这次指令的执行情况，我发现市场中没有太多人进行交易。但是，我还无法确定可能会出现什么样的情况，因此，我再次下达卖出 200 000 蒲式耳黑麦指令，出现了相同的结果——在该指令执行前下跌 3 美分，但是，在执行完指令之后，只是反弹了 1 美分，而不是之前的 2 美分。

对于黑麦市场头寸分析的正确性来讲，我仍然存有一些疑虑，因此，我第三次下达了卖出 200 000 蒲式耳黑麦的指令，还是出现了同样的结果——市场再次下跌，但是，这一次没有出现反弹。黑麦市场出现了持续下跌的势头。

第七章 300万美元的盈利

这就是我持续观察和等待的秘密警示信号。如果某人在小麦市场中持有大规模头寸,并且由于某些原因而没有维护黑麦市场(我并不在意他的原因是什么),那么我就能够自信地认为,他不会或者无法维持小麦市场。因此,我马上下达指令,"以市价"卖出5月小麦合约5 000 000蒲式耳。卖出价格从2.01美元到1.99美元。那一晚上,收盘于1.97美元左右,黑麦收盘于1.65美元。让我高兴的是,自己指令的最后一部分的成交价在2.00美元下方,因为2.00美元的价格是一个关键点,市场已经突破了那个关键点,我对自己的头寸觉得很有把握。自然而然地,我也不会对那次交易有任何担心。

几天后,我买回了自己的黑麦头寸,卖出只是作为一种测试性操作,用来确认小麦市场的头寸情况,在这次交易中,取得了250 000.00美元的利润。

与此同时,我持续卖出小麦,直到自己的空头头寸累计达到了1 500万蒲式耳。3月16日,5月小麦合约收盘于1.64美元$\frac{1}{2}$美分,第二天早盘,利物浦市场比这个价格还要低3美分,如果以平价进行折算的话,应该会让我们的市场在1.61美元左右开盘。

之后,我做了一些经验告诉我不应该做的事情,这就是,在市场开盘前,以某个特定的价格下达了指令。但是,受到诱惑的情绪战胜了自己良好的判断,我下达指令,在1.61美元买入500万蒲式耳小麦,这个价格比前一天晚盘收盘价低3$\frac{1}{2}$美分。开盘时显示出现的价格区间是从1.61美元到1.54美元。于是,我对自己说:"你明明知道不应该打破法则,还是做了那样的事情,真是自作自受。"但是,这又是一次人类本能战胜理性判断的情况。我可以确信的是,自己的指令会以约定的价格1.61美元成交,这也是当天开盘价格区间的最高点。

因此，当我看到1.54美元的价格时，我再次下达指令，买入500万蒲式耳。马上就收到一份报告："以1.53美元买入500万蒲式耳5月小麦合约。"

我又发出指令，买入500万蒲式耳。不到1分钟，报告就到了："以1.53美元买入500万蒲式耳"，我自然会以为第三次指令的成交价就是这个价格。之后，我要到了自己的第一次指令报告。下面就是交给我的报告情况：

"第一次指令报告，完成500万蒲式耳。"

"第二次指令报告，完成500万蒲式耳。"

"这是你的第三次指令报告：

"350万蒲式耳成交价为1.53美元；

"100万蒲式耳成交价为1.53美元$\frac{1}{8}$美分

"50万蒲式耳成交价为1.53美元$\frac{1}{4}$美分。"

当天最低价是1.51美元，第二天，小麦反弹回到1.64美元。在我的职业生涯中，这是我第一次收到这种限价指令的报告。我以1.61美元的价格下达买入500万蒲式耳的指令——市场开盘价区间是1.61美元到1.54美元，最低价比我的报价低了7美分，这就意味着350 000.00美元的差额。

不久之后，我偶然去了芝加哥，就问那个负责我下达指令的人，我第一次的限价指令获得了那么好的执行价格，这种情况是怎么发生的。他告诉我，他恰好知道市场上有一个卖出指令，"以市价"卖出3 500万蒲式耳。当时的情况是，他知道，无论开盘价格有多低，开盘后，总会在更低价位上出现大量的小麦卖盘，因此，他只要等到开盘价格区间出现，之后"以市价"下达了

第七章　300万美元的盈利

我的买入指令。

他说，要不是我的买入指令进入到谷物市场中，市场会自开盘价位出现猛烈下跌。

这次交易最终的结果是取得了超过 3 000 000.00 美元净利润。

这个例子说明了投机市场出现做空头寸的价值，因为做空头寸会成为意愿型买入者，这些意愿型买入者会在恐慌时期充当必要的稳定器。

今天，这类操作已经不可能出现了，因为大宗商品交易管理委员会对单个个人的头寸规模做出了限制，谷物市场中最大持有头寸为 200 万蒲式耳，然而，在股票市场中，并没有限制任何人的交易头寸规模，但是，依照现行卖空规则，操作者同样不可能建立大规模的空头头寸。

因此，我认为，老式投机者的时代已经过去了。未来，他的位置会被半投资者所取代，这些人无法在市场上迅速赚到这么大数量的利润，但是可以在既定的时间内赚到更多钱，并且能够保住这些利润。我坚定地认为，未来成功的半投资者只会在心理时间进行操作，同时，相比纯粹投机思维操作者所作所为来讲，他们会在每一轮小别级或者是大级别的行情中实现更高比例的盈利。

第八章

利维摩尔的市场要诀

第八章 利维摩尔的市场要诀

在我的生命中,有很多年的时间投入到了投机业务,之后,它让我领悟到,股票市场中不会出现什么新东西,价格走势只是在不断地重复出现,尽管不同股票的价格形态会出现各种变体,但是股市整体价格形态是完全相同的。

正如我之前所言,强烈的欲望督促我保存价格记录,它可能会成为价格走势的一种指示器。我以极大热情投入到这项工作中。之后,我开始努力寻找一个启动点位,这会帮助我预测未来的行情。这并不是件轻松的工作。

现在,我回顾这些最初的努力,就可以理解为什么它们不能马上见到成效。当时,我只有纯粹的投机思维,一直在努力制定一套交易策略,在所有时间内不断进入和退出市场,捕捉小幅的中间波动。这是错误的方法,并且我很快就清楚地认识到了这种情况。

我不断地保存着自己的记录,确信它们具有真正的价值,只不过在等我去发掘。最后,这个秘密揭开了。这些记录清晰地告诉我,它们无法帮助我捕捉当日行情。但是,只要我用自己的眼睛来观察的话,就会发现形态的形成,这预示着重大行情。

就在这之后,我决定忽视所有的小幅行情。

通过持续、密切地研究大量的行情记录,我终于清晰地认识到,要想形成对真正重大行情出现的正确观点,时间因素是至关重要的。我重新焕发活力,集中研究市场的时间特性。我试图发现的是一种方法,可以识别出较小行情形态的因素。我知道,在确定趋势中的市场,仍然有大量的中间震荡行情。过去,人们一直对它们混淆不清。但是,它们不再是我关心的问题了。

我想弄清楚,自然回调或自然反弹最初阶段的结构。因此,我开始检查价格波动的幅度。首先,我以1个点为单位进行计算。这种方法并不好。之后,2个点,以此类推,直到最后得到结论,知道了构成自然回调或自然反弹最初阶段的波动幅度。

为了简化这幅图表,我打印了一种特殊设计的表格纸,有不同的列,这样的安排,可以让我得到自己所谓的地图,用来预测未来行情。对于每一只股票,我会使用6列。当价格出现的时候,就记录在这些列中。每一列都有自己的标题。

第一列的标题是次级反弹。

第二列的标题是自然反弹。

第三列的标题是上涨趋势。

第四列的标题是下跌趋势。

第五列的标题是自然回调。

第六列的标题是次级回调。

当数字记录在上涨趋势一栏中的时候,用黑墨水填写。在其左边的两列中,我用铅笔填写数字。当数字记录在下跌趋势一栏中的时候,用红墨水填写,在其右边的两列中,也用铅笔填写。

就这样,在记录价格的时候,不论是在上涨趋势栏还是在下跌趋势栏,我都会对当时的实际趋势产生深刻的印象。这些数字用明显对比的墨水颜

第八章　利维摩尔的市场要诀

色加以区别,会告诉我一些信息。红色墨水或者黑色墨水持续使用的话,就会准确无误地告诉你市场的情况。

当用铅笔记录数字的时候,我就会意识到,现在记录的只不过是自然震荡行情。(在后面所展示的记录中,请牢记,用浅蓝色墨水填写的价格,是我自己在表格上用铅笔填写的数字。)

我断定,一只价格达到30.00美元以上的股票,在我可以确认正在形成自然反弹或自然回调走势之前,必然会自高点出现反弹或回调大约6个点。这种反弹或回调并不意味着市场趋势已经改变了轨迹,只是表明市场正在经历一轮自然的走势。这种趋势与反弹或回调出现之前的情况完全相同。

我在这里解释一下,我并不把个股的走势看作某个指标,表明这个板块的趋势已经出现了确定性改变。相反,在我确认趋势已经出现明确改变之前,我会把板块中的两只股票的走势结合起来,这就是关键价格。通过结合这两只股票的价格和走势,我就会得到自己所谓的关键价格。我发现,个股有时候会出现大的行情,足以记入我的上涨趋势栏或者下跌趋势栏。但是,仅仅基于一只个股的表现,就会出现陷入虚假行情的危险。结合两只股票的走势,会提供合理的保障。因此,趋势的确定性改变必须由关键价格的走势来验证。

我来说明一下这种关键价格法。严格坚持把6个点的波动为依据,在我下面的记录中,你会看到,偶尔出现这种情况,比方说,如果美国钢铁(U. S. Steel)股价只是$5\frac{1}{8}$个点的波动,我也会记录这个价格,因为你会发现,伯利恒钢铁的股价出现了相应的波动,比如达到了7个点。把这两只股票的价格波动结合在一起,就构成了关键价格的情况。那么,这种关键价格之和超过了 12 个点,这正是所需要的恰当幅度。

当达到记录点的时候——两只股票的平均波动达到了 6 个点,我会在同一栏中接着记录此后所出现的极端价格,无论是上涨趋势栏中高于最近记录的价格,还是下跌趋势栏中低于最近记录的价格,只要出现这种情况的时候,就会进行记录。这种情况会一直持续下去,直到行情出现逆转。当然,之后这种在另一个方向上的波动,也要基于同样的 6 个点原则,或者说关键价格合计达到 12 个点。

你会看到,自这个时候起,我从未偏离这些点位。没有任何例外情况。如果结果与我的预期恰好不一致,我也不会找任何借口。请记住,我在自己记录中写的这些价格,并不是我自己的价格。这些点位是由当天交易的实际运行价格所决定的。

对我来讲,要是声称自己想要的价格恰好与记录价格应该启动的点位完全一致,那就是太自大了。同时,这样说的话也是一种误导和不诚信之辞。我只能说,在经过多年的检验和观察之后,我觉得自己已经接近了某些点位,而这些点位可以用来作为进行记录的基础。从这些记录中,人们可以看到一幅地图,可以用于确定重要价格行情的来临。

有人说,成功在于决策的及时性。

当然,这项计划的成功取决于,当你的记录告诉你这样做的时候,自己是否有勇气采取行动,并且是马上采取行动。没有什么犹豫的余地。必须按照这些方法来训练自己的思维。如果还要等其他人给自己进行解释,或者告诉你原因,抑或是给你增强信心,那么采取行动的时机就会消失了。

第八章 利维摩尔的市场要诀

举例说明如下:所有股票经历过一轮快速上涨之后,欧洲战事爆发了,整体市场出现一轮自然回调。之后,四个主要板块的全部股票都收复了自己的回调点数,并且全体创出新高——除了钢铁板块的股票之外。任何一名按照我的方法进行记录的人,都会把自己的注意力高度转移到钢铁股的走势。现在,为什么钢铁股拒绝与其他板块一同上涨,必定存在一个恰当的理由。有一个很好的理由!但是,我当时并不知道,我非常怀疑,本来任何人都可以对此提出合理的解释。然而,那些记录价格的人们,通过钢铁股的走势就会意识到,钢铁板块的上涨行情已经结束了。直到 1940 年 1 月中旬,也就是 4 个月后,相关的事实才予以公布,同时,解释了钢铁股的走势。有一则公告称,在那段时间,英国政府卖出了超过 100 000 股美国钢铁的股票,除此之外,加拿大卖出了 20 000 股。当这则公告发布的时候,美国钢铁的股价自 1939 年 9 月达到的高点下跌了 26 个点,同时,伯利恒钢铁下跌了 29 个点,然而,自钢铁板块创下新高的同期,其他三个主要板块价格仅仅下跌了 $2\frac{1}{2} \sim 12\frac{3}{4}$ 个点。该事件说明,你在买入或卖出一只特定股票的时候,试图找到"合理理由"的做法是荒唐可笑的。如果等到自己找到了合理理由,那么你必定会错失在正确时间内采取行动的机会!对投资者或投机者来讲,始终要了解的唯一理由就是市场自身的走势。无论何时,只要市场走势偏离预期,或者是就在预期之中——对你来讲,这个理由足以让自己改变观点,而且要马上改变。请记住:一只股票出现了自己的走势,总会存在理由。但是也要记住:情况往往是这样的,直到未来某段时间,你才会知道这个理由,这时,采取行动就太晚了,无法再从中获利了。

我再强调一遍,如果你在一轮重大行情过程中,想要利用期间波动有把握地做一些额外交易,那么该法则并没有太大帮助。该法则的目的是捕捉重要行情,发现重要行情的开始与结束。出于这种目的,要是你诚心诚意遵循该法则的话,就会发现它的独特价值所在。或许,我还要再次重申一遍,该法则设计的目的就是针对股价在 30 美元以上的活跃股票。尽管同样的基本原理可以用于预测所有股票的市场走势,但是在针对价格极低的股票时,应该对该法则进行适当的调整。

这并没有什么很复杂的事情。对于感兴趣的人来讲,可以快速、轻松地学习和了解各个阶段的内容。

在下一章中,我会原封不动地展示自己的纪录,详细解释我亲手填写的数字。

第九章

规则解释

第九章 规则解释

1. 在上涨趋势栏用黑墨水记录价格。

2. 在下跌趋势栏用红墨水记录价格。

3. 在其他四栏用铅笔记录价格。

4. (a)当你开始在自然回调栏记录数字时,第一天,在上涨趋势栏最后记录的价格下面画一条红线。从上涨趋势栏最后记录的价格处首次回调大约6个点,这时开始转换记录栏。

(b)当你开始在自然反弹栏或上涨趋势栏记录数字时,第一天,在自然回调栏最后记录的价格下面画一条红线。从自然回调栏最后记录的价格处首次反弹大约6个点,这时开始转换记录栏。

你现在可以观察2个关键点。当市场返回到其中1个点的时候,根据价格的表现,你就可以形成一个观点,是上涨趋势即将修复,还是行情已经结束了。

(c)当你开始在自然反弹栏记录数字时,第一天,在下跌趋势栏最后记录的价格下面画一条黑线。从下跌趋势栏最后记录的价格首次反弹约6个点,这时开始转换记录栏。

(d)当你开始在自然回调栏记录数字时,第一天,在自然反弹栏最后记录的价格下面画一条黑线。从自然反弹栏最后记录的价格首次回调约6个点,这时开始转换记录栏。

5. (a)如果在自然反弹栏中记录,价格高于自然反弹栏(下面画有黑线)

最后记录价格3个点以上,那么该价格应该用黑墨水记录在上涨趋势栏中。

(b)如果在自然回调栏中记录,价格低于自然回调栏(下面画有红线)最后记录价格3个点以上,那么该价格应该用红墨水记录在下跌趋势栏中。

6.(a)如果你在上涨趋势栏记录价格之后,出现回调达到约6个点的幅度,那么就开始在自然回调栏记录这些价格,此后每天,只要该股价格低于自然回调栏最后记录的价格,就继续在该栏记录。

(b)如果你在自然反弹栏记录价格之后,出现回调达到以6个点的幅度,那么就开始在自然回调栏记录这些价格,此后每天,只要该股价格低于自然回调栏最后记录的价格,就继续在该栏记录。如果记录的价格低于下跌趋势栏最后记录的价格,那么就在下跌趋势栏中记录该价格。

(c)如果你在下跌趋势栏记录价格之后,出现反弹达到约6个点的幅度,那么就开始在自然反弹栏记录这些价格,此后每天,只要该股价格高于自然反弹栏最后记录的价格,就继续在该栏记录。

(d)如果你在自然回调栏记录价格之后,出现反弹达到约6个点的幅度,那么就开始在自然反弹栏记录这些价格,此后每天,只要该股价格高于自然反弹栏最后记录的价格,就继续在该栏记录。如果记录的价格高于上涨趋势栏最后记录的价格,那么就在上涨趋势栏中记录该价格。

(e)如果在自然回调栏记录,价格低于下跌趋势栏最后记录的数字,那么该价格应该用红墨水记录在下跌趋势栏中。

(f)同理,如果在自然反弹栏记录,价格高于上涨趋势栏最后记录的数字,就停止在自然反弹栏中记录,而把该价格用黑墨水记录在上涨趋势栏中。

第九章 规则解释

(g)如果你在自然回调栏中记录,反弹出现从自然回调栏最后记录的数字约6个点幅度——但这个价格并没有超过自然反弹栏最后记录的价格,那么该价格应该记录在次级反弹栏中,并且直到该价格超过自然反弹栏最后记录的数字,继续在次级反弹栏中记录。当这种情况出现的时候,你应该再次转换到自然反弹栏来记录该价格。

(h)如果你在自然反弹栏中记录,回调出现约6个点幅度,但是该价格并没有低于自然回调栏最后记录的价格,该价格应该记录在次级回调栏,并且直到该价格低于自然回调栏最后记录的数字,继续在次级回调栏中记录。当这种情况出现的时候,你应该再次转换到自然回调栏来记录该价格。

7. 记录关键价格——除非采用12个点作为基准,而不是在单只股票中采用6个点作为基准,这时,适用同样的法则。

8. 一旦你在自然反弹栏或自然回调栏中开始记录价格,那么下跌趋势栏或上涨趋势栏中记录的最后价格就变成了关键点。在反弹或回调行情结束之后,你就开始在相反栏中记录,之后,之前栏中出现的极端价格就变成另一个关键点。

正是在达到2个关键点之后,这些记录才对你产生了极大的价值,有助于你正确地预测下一轮重要行情。这些关键点下面标有两条红墨水或黑墨水线,可以引起你的注意。画这些线的目的很清楚,就是让你时刻注意到这些点位,无论什么时候,只要交易价格以及记录价格出现在某个点位附近,就要十分密切地关注它。之后,你所采取的行动就取决于自此之后的价格记录。

9.(a)如果你看到下跌趋势栏中最后记录的红墨水数字下面有黑线,那么市场也许是在该点附近向你发出了买入信号。

(b)如果在自然反弹栏记录的价格下面看到黑线,并且如果该股票在其下一轮反弹中接近了这个关键点位价格,就是在这个时候,你要去判断市场是否足够坚挺,明确地改变路线,转换到了上涨趋势栏。

(c)如果你看到上涨趋势栏最后记录的价格下面画有红线,或者说,如果在自然回调栏最后记录的价格下方画有红线,这种相反的情况也是一样的道理。

10.(a)整套方法设计的目的是,让人们清晰地看到,在某只股票首次出现了自然反弹或回调之后,是否会出现应该出现的走势。如果行情走势以明确的方式恢复的话——不论是上涨还是下跌,它都会穿越其之前的关键点——对于个股来讲,是3个点;或者说,对于关键价格来讲,是6个点。

(b)如果这只股票没有出现这种情况——在回调过程中,低于最近关键点3个点以上(在上涨趋势栏中记录,下面画有红线),这种情况表明,该股票的上涨趋势结束了。

(c)在下跌趋势中应用该法则:如果下跌趋势明确恢复的话,那么,无论什么时候,在自然反弹结束之后,新价格要记录在下跌趋势栏,这些新价格必须低于最近关键点3个点以上(下面画有黑线)。

(d)如果这只股票没有出现这种情况,在反弹过程中,高于最近关键点3个点以上(在下跌趋势栏中记录,下面画有黑线),这种情况表明,该股票的下跌趋势结束了。

(e)如果在自然反弹栏中记录,反弹结束时,低于上涨趋势栏中的最后关键点有一小段距离(下面画有红线),并且这只股票自该价格下跌了3个点以上,这是一种危险信号,它表明这只股票的上涨趋势结束了。

(f)如果在自然回调栏中记录,回调结束时,高于下跌趋势栏中的最后关键点有一小段距离(下面画有黑线),并且这只股票自该价格反弹了3个点以上,这是一种危险信号,它表明这只股票的下跌趋势结束了。

4月2日,价格开始在自然反弹栏中记录。参见规则解释6(b)。在下跌趋势栏最后价格下面画黑线。参见规则解释4(c)。

4月28日,价格开始在自然回调栏中记录,参见规则解释4(d)。

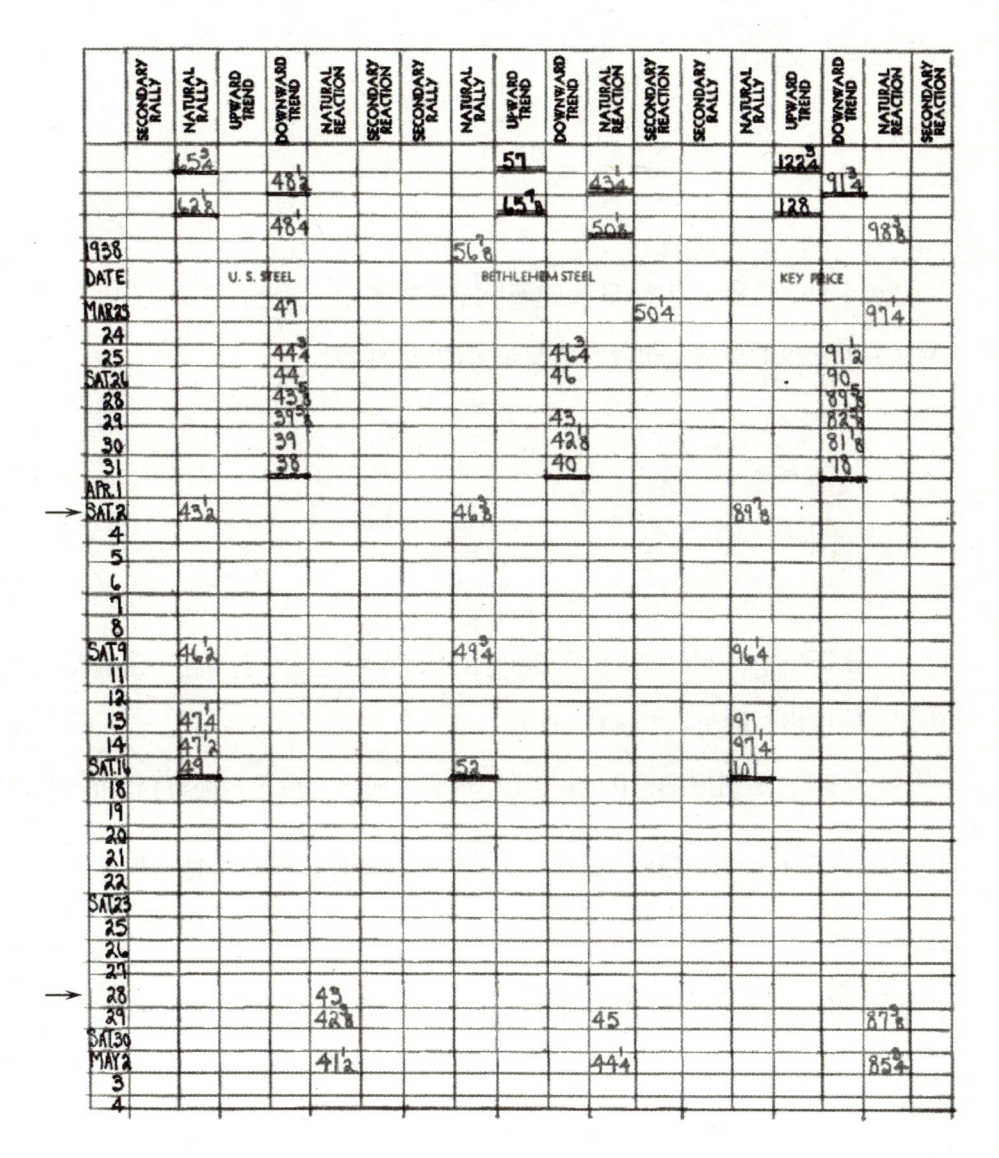

表 1

	SECONDARY RALLY	NATURAL RALLY	UPWARD TREND	DOWNWARD TREND	NATURAL REACTION	SECONDARY REACTION	SECONDARY RALLY	NATURAL RALLY	UPWARD TREND	DOWNWARD TREND	NATURAL REACTION	SECONDARY REACTION	SECONDARY RALLY	NATURAL RALLY	UPWARD TREND	DOWNWARD TREND	NATURAL REACTION	SECONDARY REACTION
		65 3/4							57						122 3/4			
				48 1/2							43 1/4					91 3/4		
		62 1/8							65 7/8						128			
				48 1/4							50 1/8						98 3/8	
1938								56 7/8										
DATE			U. S. STEEL						BETHLEHEM STEEL						KEY PRICE			
MAR 23				47								50 1/4					97 1/4	
24																		
25				44 3/4						46 3/4						91 1/2		
SAT 26				44						46						90		
28				43 5/8												89 5/8		
29				39 5/8						43						82 5/8		
30				39						42 1/8						81 1/8		
31				38						40						78		
APR. 1																		
SAT. 2		43 1/2						46 3/8						89 7/8				
4																		
5																		
6																		
7																		
8																		
SAT. 9		46 1/2						49 3/4						96 1/4				
11																		
12																		
13		47 1/4												97				
14		47 1/2												97 1/4				
SAT. 16		49						52						101				
18																		
19																		
20																		
21																		
22																		
SAT 23																		
25																		
26																		
27																		
28					43													
29					42 7/8						45						87 3/8	
SAT 30																		
MAY 2					41 1/2						44 1/4						85 3/4	
3																		
4																		

所有记录的这些价格均转自上一页,旨在始终把关键点放到你面前。

自5月5日到5月21日,没有记录任何价格,因为没有价格低于自然回调栏最近记录的价格。也没有值得记录的充分反弹。

5月27日,伯利恒钢铁股价用红色记录,因为它低于之前在下跌趋势栏中记录的价格。参见规则解释6(c)。

6月2日,伯利恒钢铁在43美元出现买入机会。参见规则解释10(c)和10(d)。就在同一天,美国钢铁在 $42\frac{1}{4}$ 美元出现买入机会。参见规则解释10(f)。

6月10日,在伯利恒钢铁次级反弹栏记录了一个价格。参见规则解释6(e)。

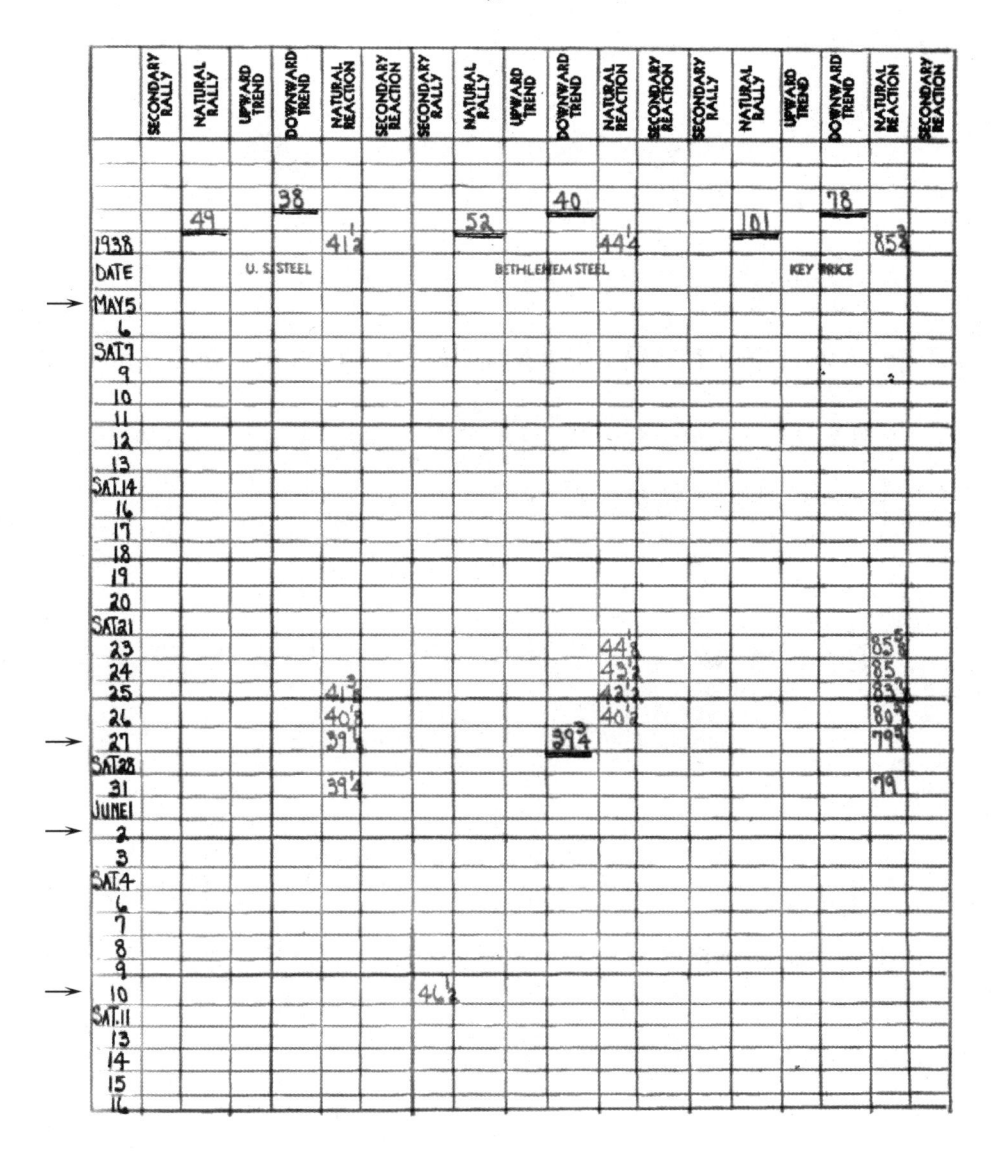

表 2

	SECONDARY RALLY	NATURAL RALLY	UPWARD TREND	DOWNWARD TREND	NATURAL REACTION	SECONDARY REACTION	SECONDARY RALLY	NATURAL RALLY	UPWARD TREND	DOWNWARD TREND	NATURAL REACTION	SECONDARY REACTION	SECONDARY RALLY	NATURAL RALLY	UPWARD TREND	DOWNWARD TREND	NATURAL REACTION	SECONDARY REACTION
				38						40						78		
		49						52						101				
1938					41 1/2						44 1/4						85 3/4	
DATE			U. S. STEEL							BETHLEHEM STEEL					KEY PRICE			
→ MAY 5																		
6																		
SAT 7																		
9																		
10																		
11																		
12																		
13																		
SAT 14																		
16																		
17																		
18																		
19																		
20																		
SAT 21																		
23											44 1/8						85 5/8	
24											43 1/2						85	
25					41 3/8						42 1/2						83 7/8	
26					40 1/8						40 1/2						80 5/8	
→ 27					39 1/4					39 3/4							79	
SAT 28																		
31					39 1/4												79	
JUNE 1																		
→ 2																		
3																		
SAT 4																		
6																		
7																		
8																		
9																		
→ 10							46 1/2											
SAT 11																		
13																		
14																		
15																		
16																		

6月20日,美国钢铁股价记录在次级反弹栏中。参见规则解释6(g)。

6月24日,美国钢铁股价和伯利恒钢铁股价用黑色墨水记录在上涨趋势栏中。参见规则解释5(a)。

7月11日,美国钢铁股价和伯利恒钢铁股价记录在自然回调栏中。参见规则解释6(a)和4(a)。

7月19日,美国钢铁股价和伯利恒钢铁股价以黑色墨水记录在上涨趋势栏中,因为这些价格高于这些栏中最近记录的价格。参见规则解释4(b)。

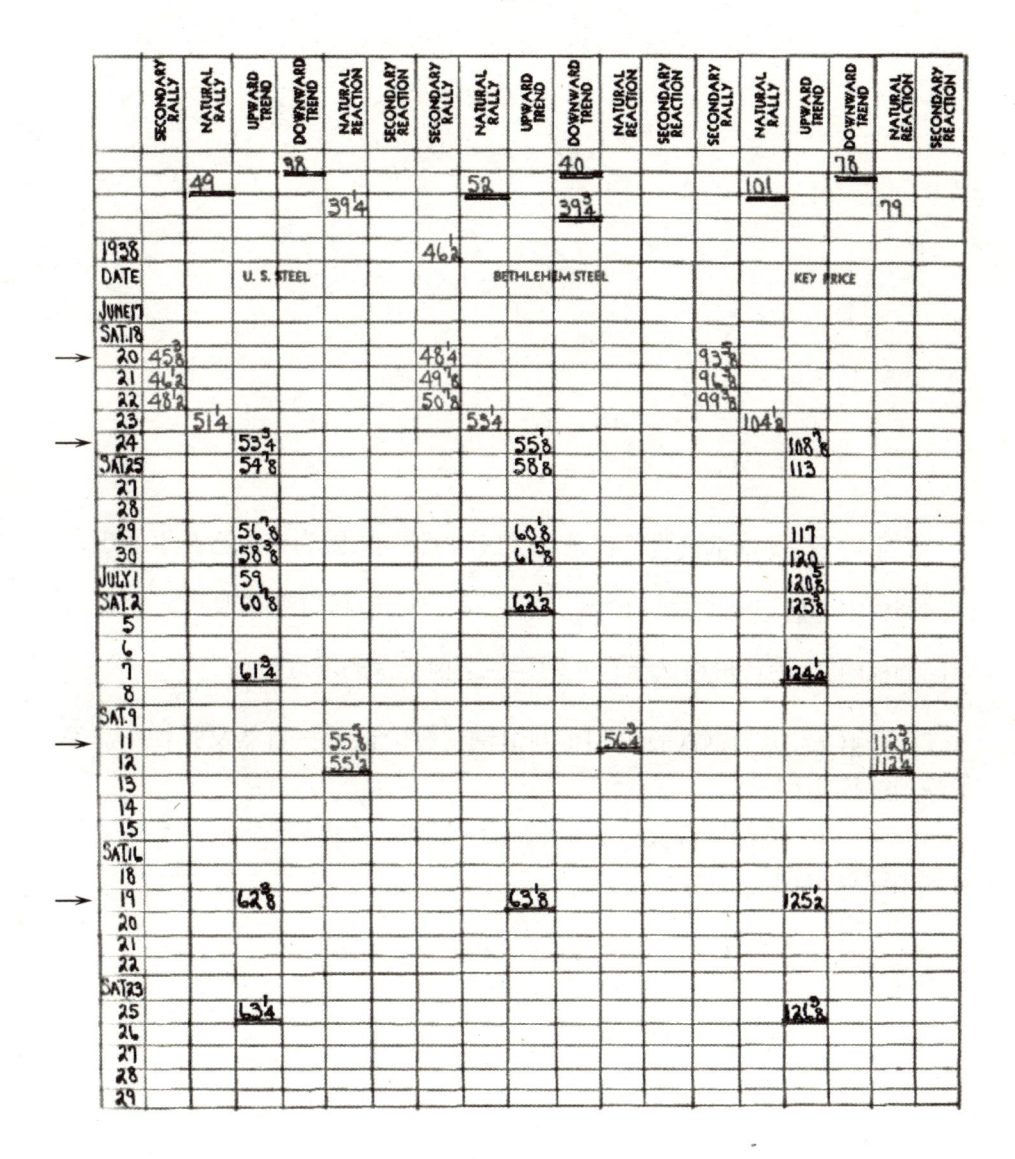

表 3

	SECONDARY RALLY	NATURAL RALLY	UPWARD TREND	DOWNWARD TREND	NATURAL REACTION	SECONDARY REACTION	SECONDARY RALLY	NATURAL RALLY	UPWARD TREND	DOWNWARD TREND	NATURAL REACTION	SECONDARY REACTION	SECONDARY RALLY	NATURAL RALLY	UPWARD TREND	DOWNWARD TREND	NATURAL REACTION	SECONDARY REACTION
				38						40						78		
		49						52						101				
					39 1/4					39 3/4							79	
1938							46 1/2											
DATE			U. S. STEEL						BETHLEHEM STEEL						KEY PRICE			
JUNE 17																		
SAT. 18																		
→ 20	45 3/8						48 1/4						93 5/8					
21	46 1/2						49 7/8						96 3/8					
22	48 1/2						50 7/8						99 3/8					
23		51 1/4						53 1/4						104 1/2				
→ 24			53 3/4						55 1/8						108 7/8			
SAT. 25			54 7/8						58 1/8						113			
27																		
28																		
29			56 7/8						60 1/8						117			
30			58 3/8						61 5/8						120			
JULY 1			59												120 5/8			
SAT. 2			60 7/8						62 1/2						123 3/8			
5																		
6																		
7			61 3/4												124 1/2			
8																		
SAT. 9																		
→ 11					55 3/8						56 3/4						112 3/8	
12					55 1/2												112 1/4	
13																		
14																		
15																		
SAT. 16																		
18																		
→ 19			62 3/8						63 1/8						125 1/2			
20																		
21																		
22																		
SAT. 23																		
25			63 1/4												126 3/8			
26																		
27																		
28																		
29																		

8月12日,美国钢铁股价记录在次级回调栏中,因为该价格并不低于自然回调栏中之前记录的最近价格。就在同一天,伯利恒钢铁股价记录在自然回调栏中,因为该价格低于自然回调栏之前记录的最近价格。

8月24日,美国钢铁股价和伯利恒钢铁股价记录在自然反弹栏中。参见规则解释6(d)。

8月29日,美国钢铁股价和伯利恒钢铁股价记录在次级回调栏中。参见规则解释6(h)。

表 4

	SECONDARY RALLY	NATURAL RALLY	UPWARD TREND	DOWNWARD TREND	NATURAL REACTION	SECONDARY REACTION	SECONDARY RALLY	NATURAL RALLY	UPWARD TREND	DOWNWARD TREND	NATURAL REACTION	SECONDARY REACTION	SECONDARY RALLY	NATURAL RALLY	UPWARD TREND	DOWNWARD TREND	NATURAL REACTION	SECONDARY REACTION
			61 3/4						62 1/2						124 1/4			
					55 1/2						56 3/4						112 1/4	
			63 1/4						63 1/8						126 3/8			
1938																		
DATE			U. S. STEEL						BETHLEHEM STEEL						KEY PRICE			
SAT JULY 30																		
AUG 1																		
2																		
3																		
4																		
5																		
SAT 6																		
8																		
9																		
10																		
11																		
→ 12						56 5/8					54 7/8						111 1/2	
SAT 13						56 1/2					54 3/8						111 1/8	
15																		
16																		
17																		
18																		
19																		
SAT 20																		
22																		
23																		
→ 24		61 5/8						61 3/8						123				
25																		
26		61 7/8						61 1/2						123 3/8				
SAT 27																		
→ 29						56 1/8						55					—	
30																		
31																		
SEPT. 1																		
2																		
SAT. 3																		
6																		
7																		
8																		
9																		
SAT 10																		

9月14日,美国钢铁股价记录在下跌趋势栏中。参见规则解释5(b)。就在同一天,伯利恒钢铁股价记录在自然回调栏中。该价格仍然记录在自然回调栏中,因为它没有达到低于之前下面画红线价格3个点的幅度。9月20日,美国钢铁股价和伯利恒钢铁股价记录在自然反弹栏中。美国钢铁参见规则解释6(c),伯利恒钢铁参见规则6(d)。

9月24日,美国钢铁股价以红色墨水记录在下跌趋势栏中,成为该栏中的一个新价格。

9月29日,美国钢铁股价和伯利恒钢铁股价记录在次级反弹栏中。参见规则解释6(g)。

10月5日,美国钢铁股价以黑色墨水记录在上涨趋势栏中。参见规则解释5(a)。

10月8日,伯利恒钢铁股价以黑色墨水记录在上涨趋势栏中。参见规则解释6(d)。

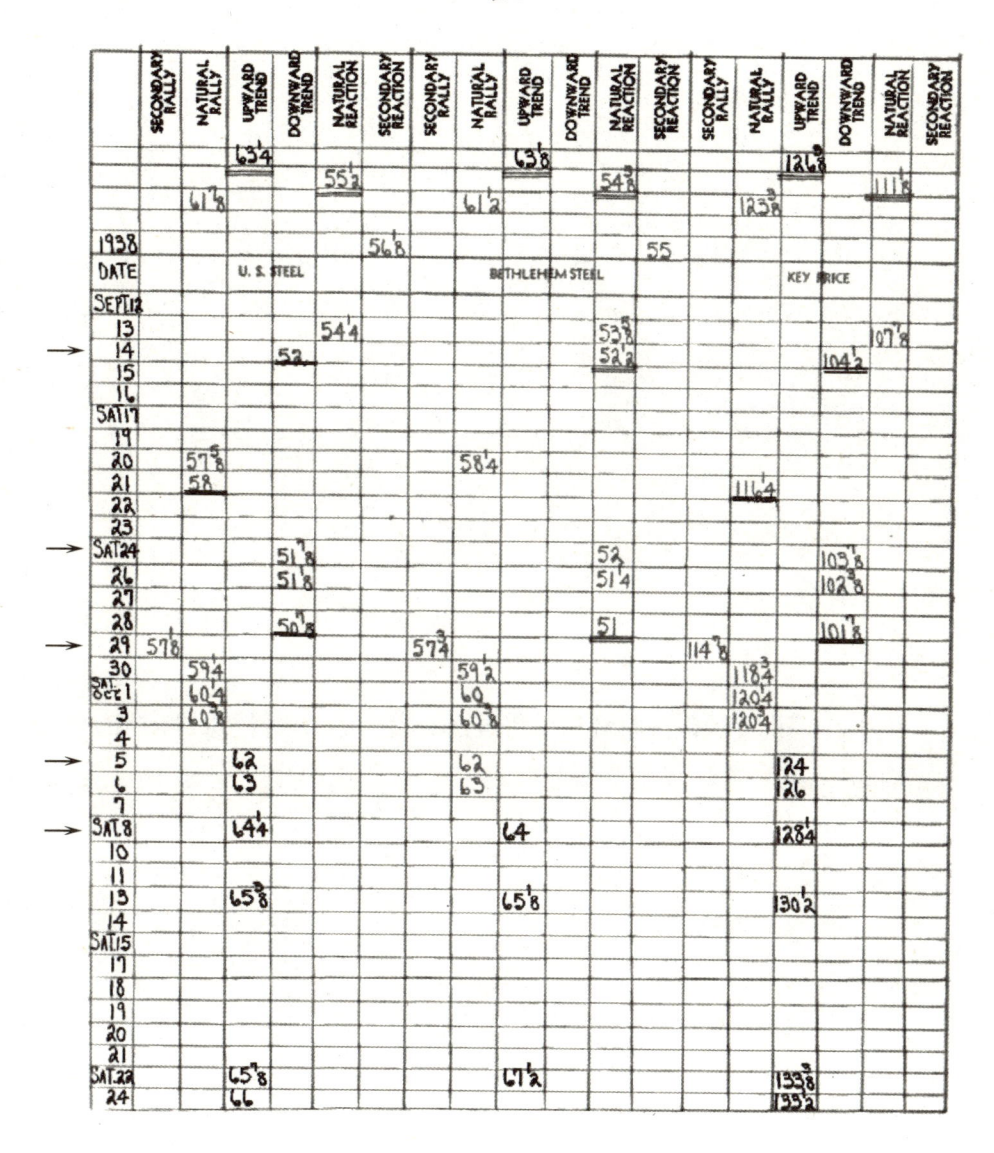

表 5

	SECONDARY RALLY	NATURAL RALLY	UPWARD TREND	DOWNWARD TREND	NATURAL REACTION	SECONDARY REACTION	SECONDARY RALLY	NATURAL RALLY	UPWARD TREND	DOWNWARD TREND	NATURAL REACTION	SECONDARY REACTION	SECONDARY RALLY	NATURAL RALLY	UPWARD TREND	DOWNWARD TREND	NATURAL REACTION	SECONDARY REACTION
			63 1/4						63 1/8						126 3/8			
					55 1/2						54 3/8						111 1/8	
		61 7/8						61 1/2						123 3/8				
1938						56 1/8						55						
DATE			U. S. STEEL						BETHLEHEM STEEL						KEY PRICE			
SEPT 12																		
13					54 1/4						53 5/8						107 7/8	
→ 14				52							52 1/2					104 1/2		
15																		
16																		
SAT 17																		
19																		
20		57 5/8						58 1/4										
21		58												116 1/4				
22																		
23																		
→ SAT 24				51 7/8							52					103 7/8		
26				51 1/8							51 1/4					102 3/8		
27																		
28				50 7/8							51					101 7/8		
→ 29	57 1/8						57 3/4						114 7/8					
30		59 1/4						59 1/2						118 3/4				
SAT. OCT 1		60 1/4						60						120 1/4				
3		60 3/8						60 3/8						120 3/4				
4																		
→ 5			62					62							124			
6			63					63							126			
7																		
→ SAT 8			64 1/4						64						128 1/4			
10																		
11																		
13			65 3/8						65 1/8						130 1/2			
14																		
SAT 15																		
17																		
18																		
19																		
20																		
21																		
SAT 22			65 7/8						67 1/2						133 3/8			
24			66												133 1/2			

11月18日，美国钢铁股价和伯利恒钢铁股价记录在自然回调栏中。参见规则解释6(a)。

表 6

	SECONDARY RALLY	NATURAL RALLY	UPWARD TREND	DOWNWARD TREND	NATURAL REACTION	SECONDARY REACTION	SECONDARY RALLY	NATURAL RALLY	UPWARD TREND	DOWNWARD TREND	NATURAL REACTION	SECONDARY REACTION	SECONDARY RALLY	NATURAL RALLY	UPWARD TREND	DOWNWARD TREND	NATURAL REACTION	SECONDARY REACTION
1938			66						67½						133½			
DATE			U. S. STEEL						BETHLEHEM STEEL						KEY PRICE			
OCT. 25			66⅛						67⅞						134			
26																		
27			66½						68⅞						135⅜			
28																		
SAT. 29																		
31																		
NOV. 1									69						135½			
2																		
3									69½						136			
4																		
SAT. 5																		
7			66¾						71⅞						138⅝			
9			69½						75⅝						144⅛			
10			70						75½						145½			
SAT. 12			71¼						77⅜						148⅝			
14																		
15																		
16																		
17																		
→ 18					65⅛						71⅞						137	
SAT. 19																		
21																		
22																		
23																		
25																		
SAT. 26					63¼						71½						134¾	
28					61						68¾						129¾	
29																		
30																		
DEC. 1																		
2																		
SAT. 3																		
5																		
6																		
7																		
8																		

12月14日,美国钢铁股价和伯利恒钢铁股价记录在自然反弹栏中。参见规则解释6(d)。

12月28日,伯利恒钢铁股价用黑色墨水记录在上涨趋势栏中,成为高于该栏之前记录的最后价格。

1月4日,依据利维摩尔的方法,下一轮市场趋势即将显示。参见规则解释10(a)和10(b)。

1月12日,美国钢铁股价和伯利恒钢铁股价记录在次级回调栏中。参见规则解释6(h)。

第九章 规则解释

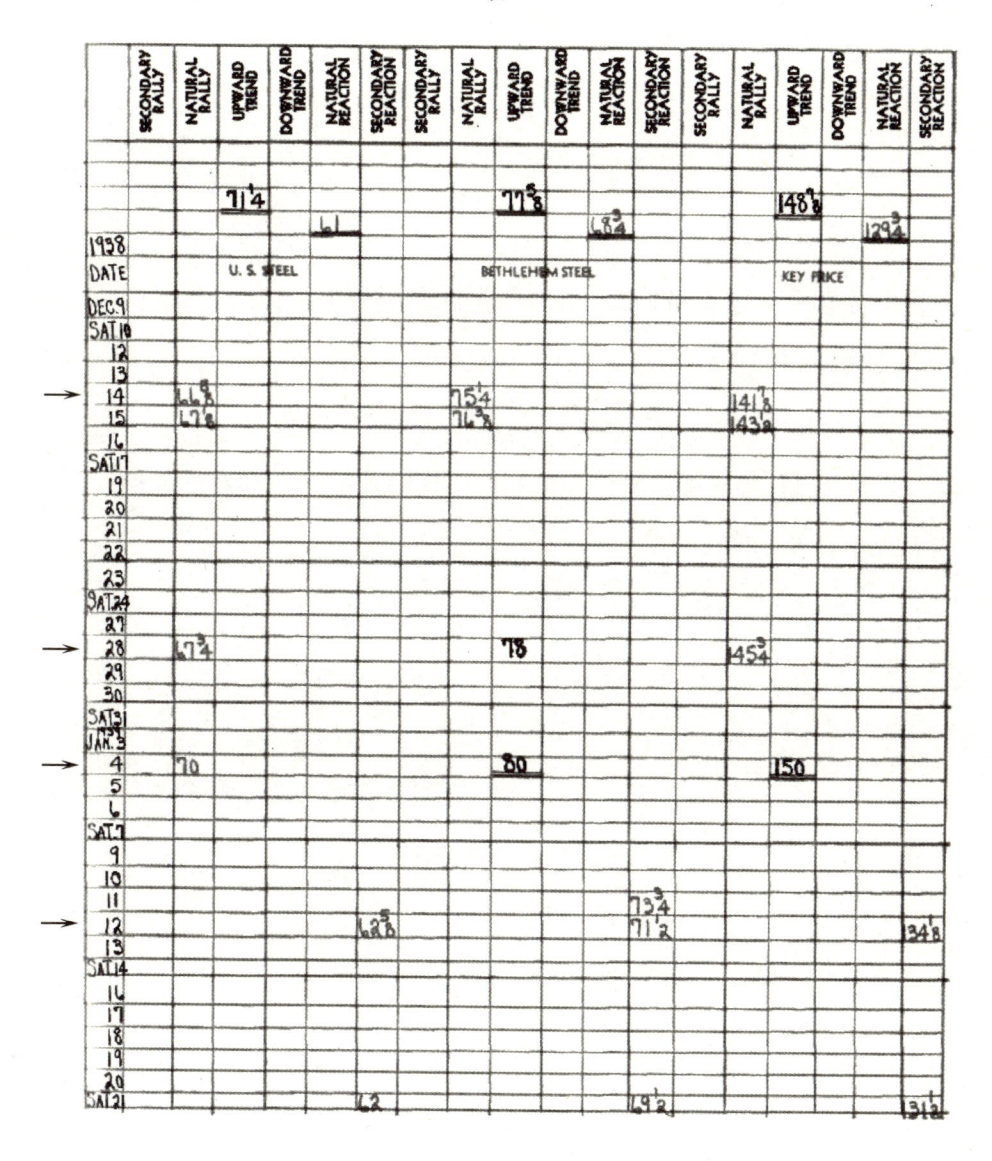

表 7

	SECONDARY RALLY	NATURAL RALLY	UPWARD TREND	DOWNWARD TREND	NATURAL REACTION	SECONDARY REACTION	SECONDARY RALLY	NATURAL RALLY	UPWARD TREND	DOWNWARD TREND	NATURAL REACTION	SECONDARY REACTION	SECONDARY RALLY	NATURAL RALLY	UPWARD TREND	DOWNWARD TREND	NATURAL REACTION	SECONDARY REACTION
			$71\tfrac{1}{4}$						$77\tfrac{3}{8}$						$148\tfrac{7}{8}$			
					61						$68\tfrac{3}{4}$						$129\tfrac{3}{4}$	
1938 DATE			U. S. STEEL						BETHLEHEM STEEL						KEY PRICE			
DEC.9																		
SAT 10																		
12																		
13																		
→14		$66\tfrac{5}{8}$						$75\tfrac{1}{4}$						$141\tfrac{7}{8}$				
15		$67\tfrac{7}{8}$						$76\tfrac{3}{8}$						$143\tfrac{3}{8}$				
16																		
SAT 17																		
19																		
20																		
21																		
22																		
23																		
SAT 24																		
27																		
→28		$67\tfrac{3}{4}$						78						$145\tfrac{3}{4}$				
29																		
30																		
SAT 31																		
JAN.3																		
→4		70						80						150				
5																		
6																		
SAT 7																		
9																		
10																		
11									$73\tfrac{3}{4}$										
→12									$71\tfrac{1}{2}$									$134\tfrac{1}{8}$	
13					$62\tfrac{5}{8}$													
SAT 14																		
16																		
17																		
18																		
19																		
20																		
SAT 21					62						$69\tfrac{1}{2}$						$131\tfrac{1}{2}$	

97

1月23日,美国钢铁股价和伯利恒钢铁股价记录在下跌趋势栏中。参见规则解释5(b)。

1月31日,美国钢铁股价和伯利恒钢铁股价记录在自然反弹栏中。参见规则解释6(c)和4(c)。

表 8

	SECONDARY RALLY	NATURAL RALLY	UPWARD TREND	DOWNWARD TREND	NATURAL REACTION	SECONDARY REACTION	SECONDARY RALLY	NATURAL RALLY	UPWARD TREND	DOWNWARD TREND	NATURAL REACTION	SECONDARY REACTION	SECONDARY RALLY	NATURAL RALLY	UPWARD TREND	DOWNWARD TREND	NATURAL REACTION	SECONDARY REACTION
			71¼						77⅝						148⅞			
					61						68¾						129¾	
		70							80						150			
1939						62						69½						131½
DATE			U. S. STEEL						BETHLEHEM STEEL						KEY PRICE			
→ JAN.23				57⅞						63¾						121⅝		
24				56½						63¼						119¾		
25				55⅝						63						118⅝		
26				53¼						60¼						113½		
27																		
SAT.28																		
30																		
→ 31		59½						68½						128				
FEB.1																		
2		60												128½				
3																		
SAT.4		60⅝						69						129⅝				
6								69⅞						130¾				
7																		
8																		
9																		
10																		
SAT.11																		
14																		
15																		
16								70¾						131⅝				
17		61⅛						71¼						132⅜				
SAT.18		61¼												132½				
20																		
21																		
23																		
24		62¼						72⅜						134⅝				
SAT.25		63¾						74¾						138½				
27																		
28		64¾						75						139¾				
MAR.1																		
2																		
3		64⅞						75¼						140				
SAT.4								75½						140⅜				
6																		
7																		

3月16日,美国钢铁股价和伯利恒钢铁股价记录在自然回调栏中。参见规则解释6(b)。

3月30日,美国钢铁股价记录在下跌趋势栏,因为该价格低于下跌趋势栏之前记录的价格。3月31日,伯利恒钢铁股价记录在下跌趋势栏中,因为该价格低于下跌趋势栏之前记录的价格。

4月15日,美国钢铁股价和伯利恒钢铁股价记录在自然反弹栏中。参见规则解释6(c)。

第九章　规则解释

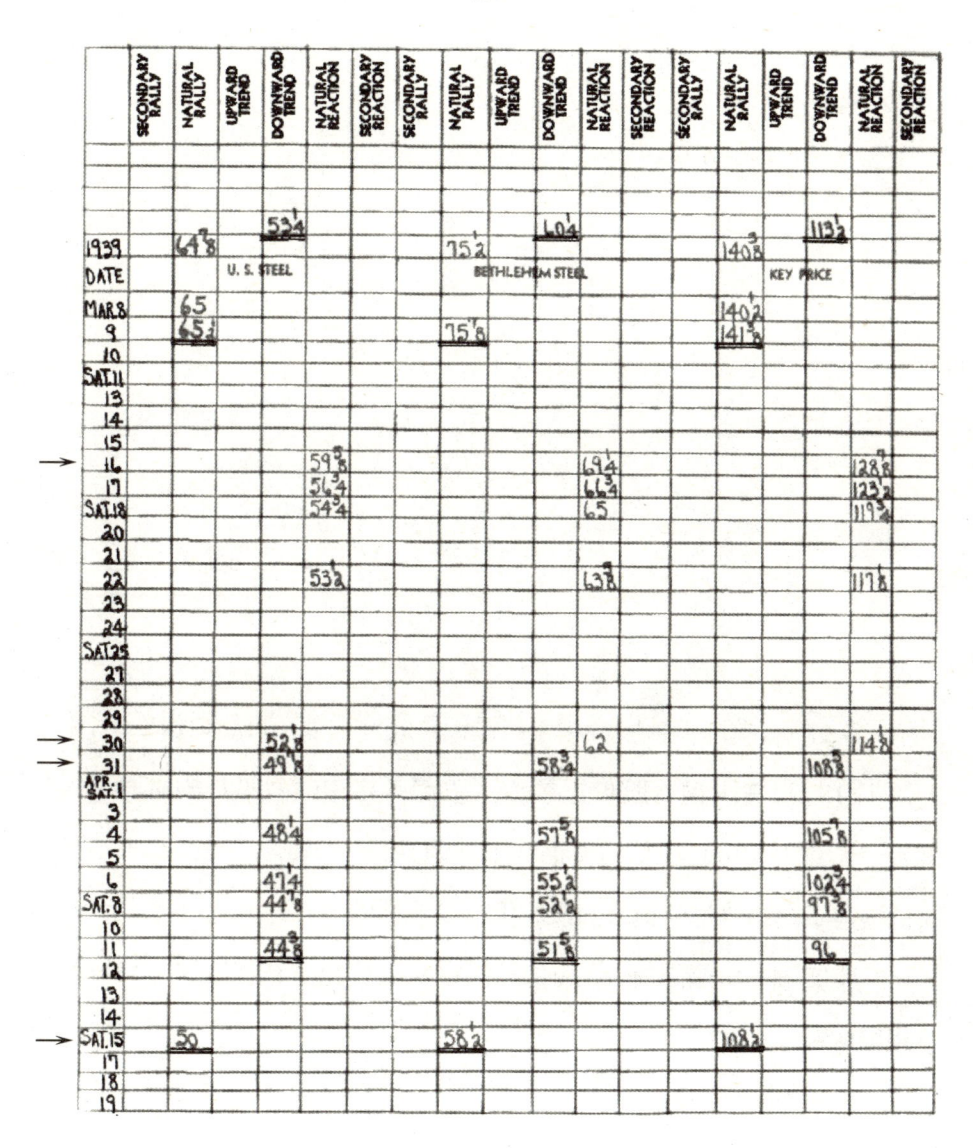

表 9

	SECONDARY RALLY	NATURAL RALLY	UPWARD TREND	DOWNWARD TREND	NATURAL REACTION	SECONDARY REACTION	SECONDARY RALLY	NATURAL RALLY	UPWARD TREND	DOWNWARD TREND	NATURAL REACTION	SECONDARY REACTION	SECONDARY RALLY	NATURAL RALLY	UPWARD TREND	DOWNWARD TREND	NATURAL REACTION	SECONDARY REACTION
1939 DATE		$64\frac{3}{8}$ U.S. STEEL		$53\frac{1}{4}$				$75\frac{1}{2}$ BETHLEHEM STEEL		64				$140\frac{3}{8}$ KEY PRICE		$113\frac{1}{2}$		
MAR.8		65												$140\frac{1}{2}$				
9		$65\frac{1}{4}$						$75\frac{1}{8}$						$141\frac{3}{8}$				
10																		
SAT.11																		
13																		
14																		
15																		
→16				$59\frac{3}{8}$						$69\frac{1}{4}$						$128\frac{7}{8}$		
17				$56\frac{3}{4}$						$64\frac{3}{8}$						$123\frac{3}{8}$		
SAT.18				$54\frac{1}{4}$						65						$119\frac{3}{4}$		
20																		
21																		
22				$53\frac{1}{2}$						$63\frac{3}{8}$						$117\frac{7}{8}$		
23																		
24																		
SAT.25																		
27																		
28																		
29																		
→30				$52\frac{1}{8}$						62						$114\frac{3}{8}$		
→31				$49\frac{3}{8}$						$58\frac{5}{8}$						$108\frac{3}{8}$		
APR. SAT.1																		
3																		
4				$48\frac{1}{4}$						$57\frac{5}{8}$						$105\frac{7}{8}$		
5																		
6				$47\frac{1}{4}$						$55\frac{1}{2}$						$102\frac{3}{4}$		
SAT.8				$44\frac{1}{8}$						$52\frac{1}{2}$						$97\frac{7}{8}$		
10																		
11				$44\frac{3}{8}$						$51\frac{5}{8}$						96		
12																		
13																		
14																		
→SAT.15	50						$58\frac{1}{2}$						$108\frac{1}{2}$					
17																		
18																		
19																		

101

5月17日,美国钢铁股价和伯利恒钢铁股价记录在自然回调栏中,第二天,5月18日,美国钢铁股价记录在下跌趋势栏中。参见规则解释6(d)。再后一天,5月19日,在伯利恒钢铁下跌趋势栏下面画一条红线,表示其最新价格与下跌趋势栏中记录的最后价格是相同的。

5月25日,美国钢铁股价和伯利恒钢铁股价记录在次级反弹栏中。参见规则解释6(c)。

第九章 规则解释

表 10

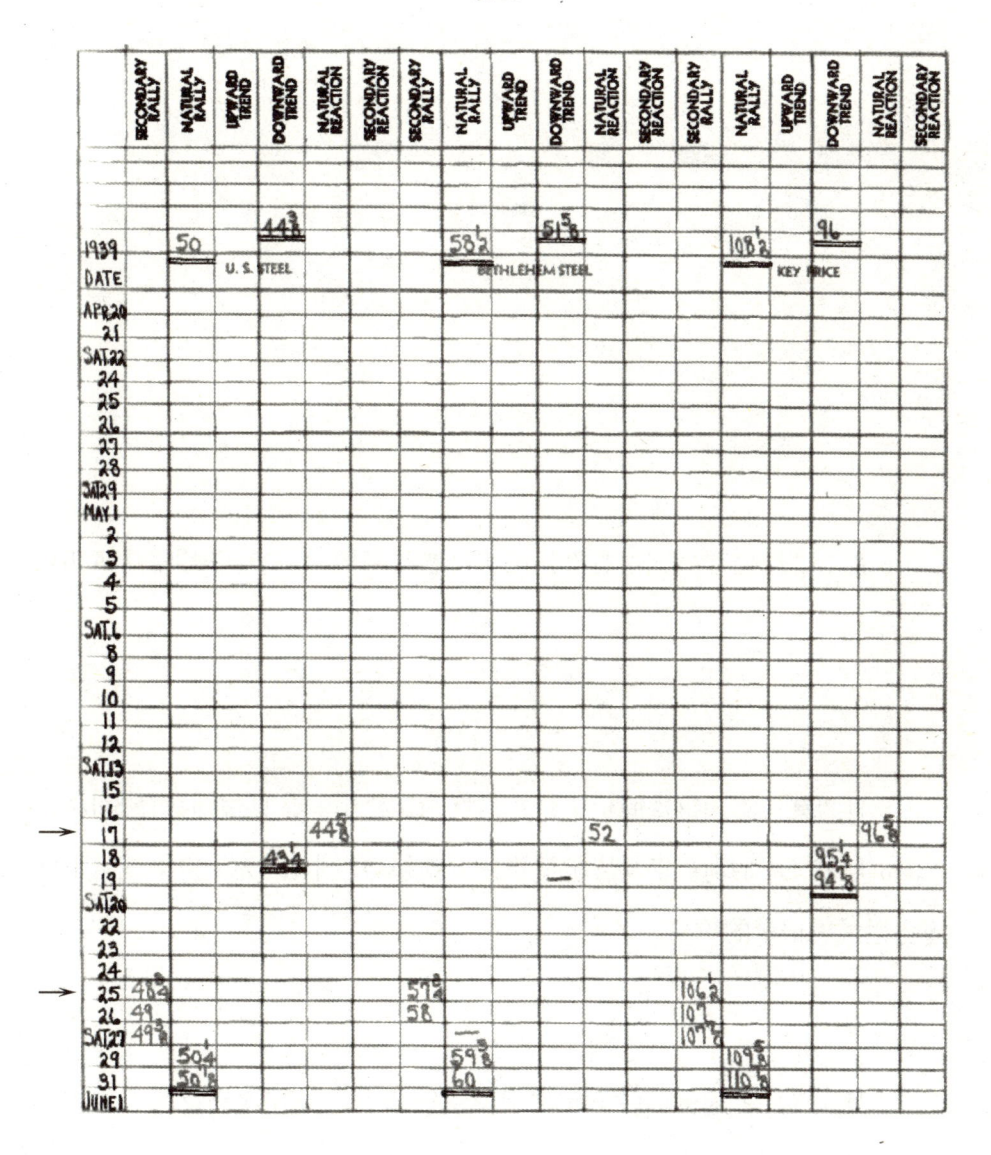

	SECONDARY RALLY	NATURAL RALLY	UPWARD TREND	DOWNWARD TREND	NATURAL REACTION	SECONDARY REACTION	SECONDARY RALLY	NATURAL RALLY	UPWARD TREND	DOWNWARD TREND	NATURAL REACTION	SECONDARY REACTION	SECONDARY RALLY	NATURAL RALLY	UPWARD TREND	DOWNWARD TREND	NATURAL REACTION	SECONDARY REACTION
1939 DATE		50 U.S. STEEL	44$\frac{3}{8}$					58$\frac{3}{8}$ BETHLEHEM STEEL	51$\frac{5}{8}$					108$\frac{1}{2}$ KEY PRICE	96			
APR 20																		
21																		
SAT 22																		
24																		
25																		
26																		
27																		
28																		
SAT 29																		
MAY 1																		
2																		
3																		
4																		
5																		
SAT 6																		
8																		
9																		
10																		
11																		
12																		
SAT 13																		
15																		
16																		
→17				44$\frac{5}{8}$					52						96$\frac{5}{8}$			
18				43$\frac{4}{8}$											95$\frac{1}{4}$			
19									—						94$\frac{5}{8}$			
SAT 20																		
22																		
23																		
24																		
→25	48$\frac{1}{2}$							57$\frac{1}{2}$						106$\frac{1}{2}$				
26	49$\frac{3}{8}$							58						107				
SAT 27	49$\frac{7}{8}$													107$\frac{7}{8}$				
29		50$\frac{1}{4}$						59$\frac{5}{8}$						109$\frac{5}{8}$				
31		50$\frac{7}{8}$						60						110$\frac{5}{8}$				
JUNE 1																		

103

6月16日,伯利恒钢铁股价记录在自然回调栏中。参见规则解释6(b)。

6月28日,美国钢铁股价记录在自然回调栏中。参见规则解释 6(b)。

6月29日,伯利恒钢铁股价记录在下跌趋势栏中,因为该价格低于下跌趋势栏最后记录的价格。

7月13日,美国钢铁股价和伯利恒钢铁股价记录在次级反弹栏中。参见规则解释 6(g)。

表 11

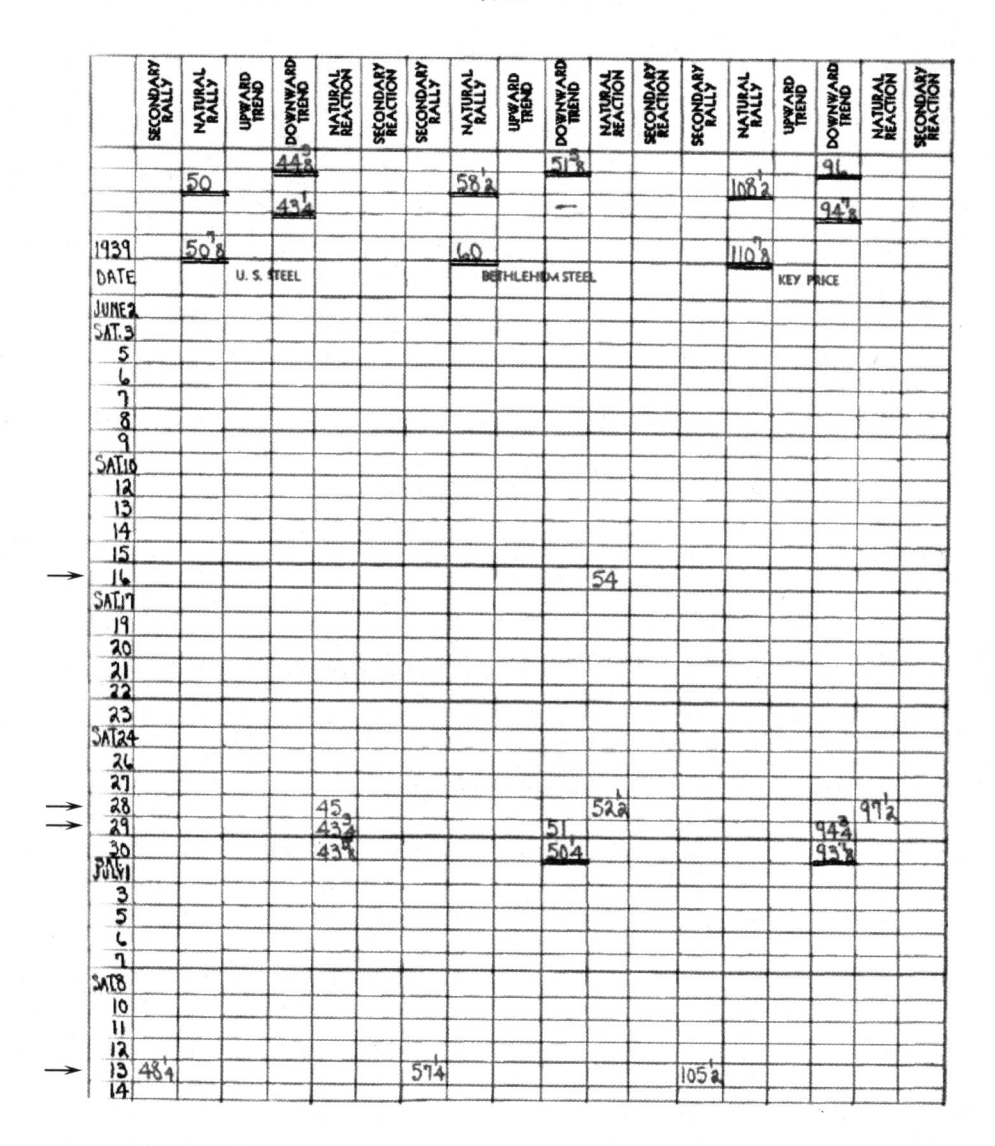

	SECONDARY RALLY	NATURAL RALLY	UPWARD TREND	DOWNWARD TREND	NATURAL REACTION	SECONDARY REACTION	SECONDARY RALLY	NATURAL RALLY	UPWARD TREND	DOWNWARD TREND	NATURAL REACTION	SECONDARY REACTION	SECONDARY RALLY	NATURAL RALLY	UPWARD TREND	DOWNWARD TREND	NATURAL REACTION	SECONDARY REACTION
				44 5/8						51 3/8						96		
		50						58 1/2						108 1/2				
				43 1/4						—						94 7/8		
1939		50 7/8						60						110 7/8				
DATE			U. S. STEEL						BETHLEHEM STEEL						KEY PRICE			
JUNE 2																		
SAT. 3																		
5																		
6																		
7																		
8																		
9																		
SAT. 10																		
12																		
13																		
14																		
15																		
→ 16											54							
SAT. 17																		
19																		
20																		
21																		
22																		
23																		
SAT. 24																		
26																		
27																		
→ 28					45						52 1/2						97 1/2	
→ 29					43 3/4					51						94 3/4		
30					43 5/8					50 1/4						93 7/8		
SAT. JULY 1																		
3																		
5																		
6																		
7																		
SAT. 8																		
10																		
11																		
12																		
→ 13	48 1/4						57 1/4						105 1/2					
14																		

7月21日,伯利恒钢铁股价记录在上涨趋势栏中,第二天,7月22日,美国钢铁股价记录在上涨趋势栏中。参见规则解释5(a)。

8月4日,美国钢铁股价和伯利恒钢铁股价记录在自然回调栏中。参见规则解释4(a)。

8月23日,美国钢铁股价记录在下跌趋势栏中,因为该价格低于下跌趋势栏之前记录的价格。

第九章 规则解释

表 12

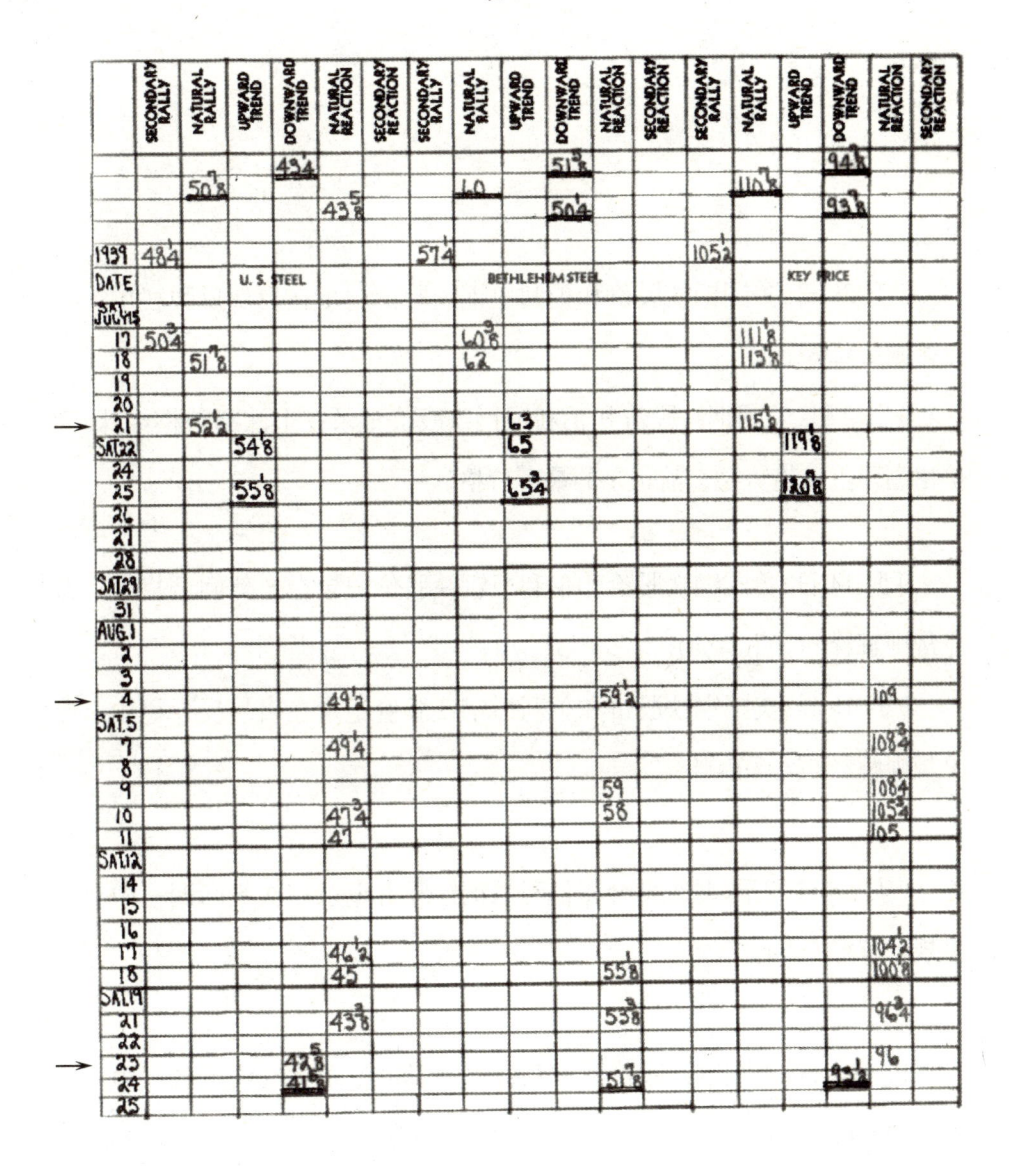

8月29日,美国钢铁股价和伯利恒钢铁股价记录在自然反弹栏中。参见规则解释6(d)。

9月2日,美国钢铁股价和伯利恒钢铁股价记录在上涨趋势栏中,因为价格高于上涨趋势栏之前记录的最后价格。

9月14日,美国钢铁股价和伯利恒钢铁股价记录在自然回调栏中。参见规则解释6(a)和4(a)。

9月19日,美国钢铁股价和伯利恒钢铁股价记录在自然反弹栏中。参见规则解释6(d)和4(b)。

9月28日,美国钢铁股价和伯利恒钢铁股价记录在次级回调栏中。参见规则解释6(h)。

10月6日,美国钢铁股价和伯利恒钢铁股价记录在次级反弹栏中。参见规则解释6(g)。

第九章 规则解释

表 13

	SECONDARY RALLY	NATURAL RALLY	UPWARD TREND	DOWNWARD TREND	NATURAL REACTION	SECONDARY REACTION	SECONDARY RALLY	NATURAL RALLY	UPWARD TREND	DOWNWARD TREND	NATURAL REACTION	SECONDARY REACTION	SECONDARY RALLY	NATURAL RALLY	UPWARD TREND	DOWNWARD TREND	NATURAL REACTION	SECONDARY REACTION
				$43\frac{1}{4}$						$50\frac{1}{4}$						$93\frac{1}{8}$		
		$55\frac{1}{8}$							$65\frac{3}{4}$						$120\frac{5}{8}$			
1939			$41\frac{3}{8}$							$51\frac{7}{8}$					$93\frac{1}{2}$			
DATE			U. S. STEEL						BETHLEHEM STEEL						KEY PRICE			
SAT AUG 26																		
→ 29		48							$60\frac{1}{2}$						$108\frac{1}{2}$			
30																		
31																		
SEPT 1		52							$65\frac{1}{2}$						$117\frac{1}{2}$			
→ SAT 2		$55\frac{1}{4}$							$70\frac{3}{8}$						$125\frac{5}{8}$			
5		$66\frac{1}{8}$							$85\frac{3}{8}$						$152\frac{5}{8}$			
6																		
7																		
8		$69\frac{3}{4}$							87						$156\frac{3}{4}$			
SAT 9		70							$88\frac{3}{4}$						$158\frac{3}{4}$			
11		$78\frac{3}{8}$							100						$178\frac{3}{8}$			
12		$82\frac{1}{4}$													$182\frac{1}{4}$			
13																		
→ 14				$76\frac{3}{8}$						$91\frac{1}{2}$						$168\frac{7}{8}$		
15																		
SAT 16				$75\frac{1}{2}$						$88\frac{3}{8}$						$163\frac{7}{8}$		
18				$70\frac{1}{2}$						$85\frac{1}{4}$						$154\frac{1}{4}$		
→ 19	78						$92\frac{3}{8}$						$170\frac{3}{8}$					
20	$80\frac{5}{8}$						$95\frac{3}{8}$						$176\frac{1}{4}$					
21																		
22																		
SAT 23																		
25																		
26																		
27																		
→ 28				$75\frac{1}{8}$						89						$164\frac{1}{8}$		
29				$73\frac{1}{2}$						$86\frac{3}{4}$						$160\frac{1}{4}$		
SAT 30																		
OCT 2																		
3																		
4				73						$86\frac{1}{4}$						$159\frac{1}{4}$		
5																		
→ 6	$78\frac{3}{8}$						$98\frac{3}{4}$						$171\frac{1}{4}$					
SAT 7																		

109

11月3日,美国钢铁股价记录在次级回调栏中,因为该价格低于该栏之前记录的最后价格。

11月9日,美国钢铁自然回调栏中填入了一个破折号,因为该价格与自然回调栏最后记录的价格相同,就在同一天,伯利恒钢铁的自然回调栏中记录了一个新价格,因为该价格低于该栏之前记录的最后价格。

第九章 规则解释

表 14

11月24日,美国钢铁股价记录在下跌趋势栏中。参见规则解释6(e),第二天,11月25日,伯利恒钢铁股价记录在下跌趋势栏中。参见规则解释6(e)。

12月7日,美国钢铁股价和伯利恒钢铁股价记录在自然反弹栏中。参见规则解释6(c)。

第九章 规则解释

表 15

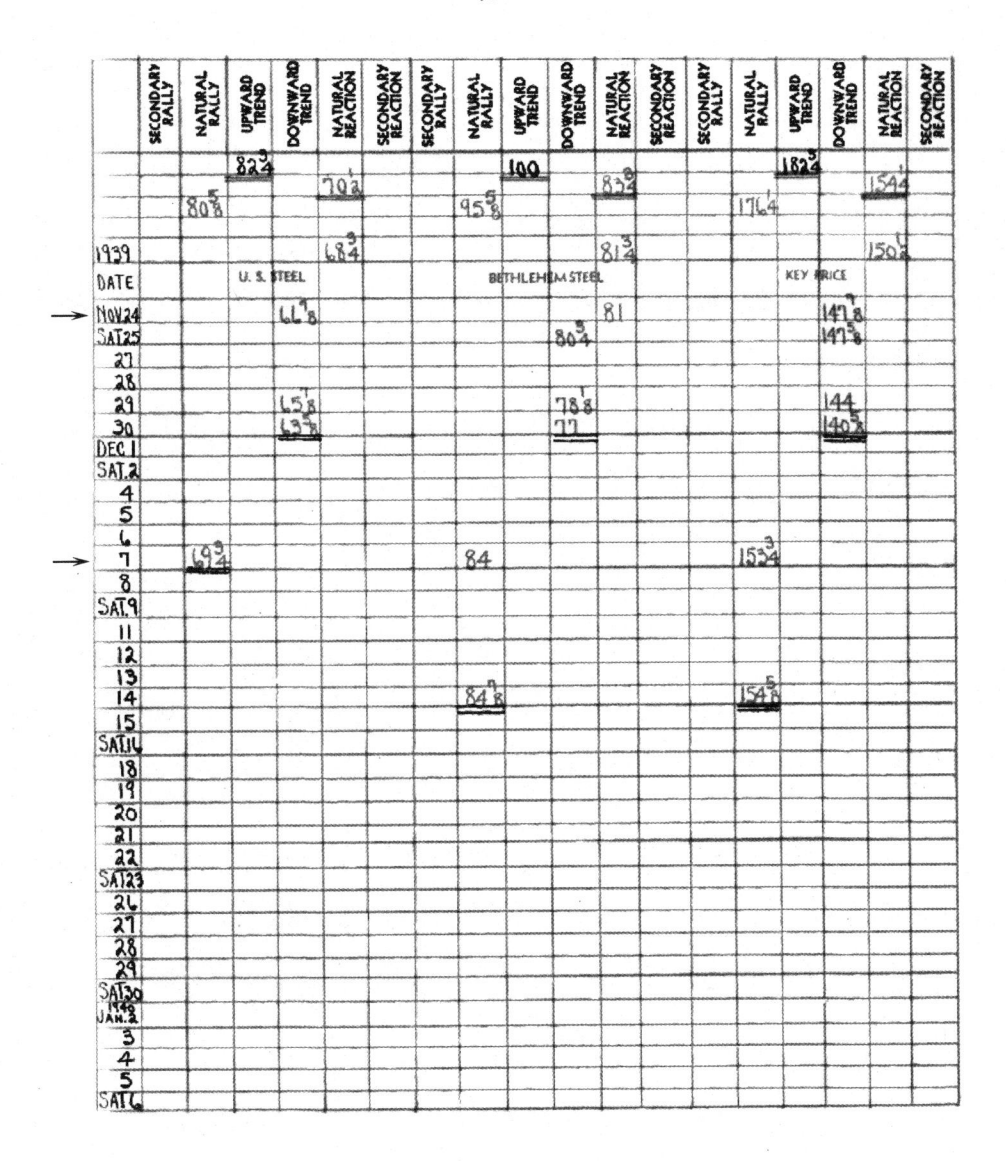

	SECONDARY RALLY	NATURAL RALLY	UPWARD TREND	DOWNWARD TREND	NATURAL REACTION	SECONDARY REACTION	SECONDARY RALLY	NATURAL RALLY	UPWARD TREND	DOWNWARD TREND	NATURAL REACTION	SECONDARY REACTION	SECONDARY RALLY	NATURAL RALLY	UPWARD TREND	DOWNWARD TREND	NATURAL REACTION	SECONDARY REACTION
			82$\frac{3}{4}$		70$\frac{1}{2}$				100	85$\frac{3}{8}$					182$\frac{3}{4}$		154$\frac{1}{4}$	
		80$\frac{5}{8}$						95$\frac{5}{8}$						176$\frac{1}{4}$				
1939				68$\frac{3}{4}$						81$\frac{3}{4}$							150$\frac{1}{2}$	
DATE		U.S. STEEL						BETHLEHEM STEEL						KEY PRICE				
→NOV 24			66$\frac{5}{8}$						81						147$\frac{7}{8}$			
SAT 25										80$\frac{3}{4}$					147$\frac{3}{8}$			
27																		
28																		
29				65$\frac{3}{8}$						78$\frac{1}{8}$						144		
30				63$\frac{3}{4}$						77						140$\frac{3}{8}$		
DEC 1																		
SAT 2																		
4																		
5																		
6																		
→7		69$\frac{3}{4}$						84						155$\frac{3}{4}$				
8		69$\frac{1}{4}$																
SAT 9																		
11																		
12																		
13																		
14								84$\frac{7}{8}$						154$\frac{5}{8}$				
15																		
SAT 16																		
18																		
19																		
20																		
21																		
22																		
SAT 23																		
26																		
27																		
28																		
29																		
SAT 30																		
1940 JAN 2																		
3																		
4																		
5																		
SAT 6																		

1月9日，美国钢铁股价和伯利恒钢铁股价记录在自然回调栏中。参见规则解释6(b)。

1月11日，美国钢铁股价和伯利恒钢铁股价记录在下跌趋势栏中，因为其价格低于下跌趋势栏最后记录的价格。

2月7日，伯利恒钢铁股价记录在自然反弹栏中，这是该股票第一次反弹达到了符合要求的6个点幅度。第二天，除伯利恒钢铁股价之外，美国钢铁股价和关键价格都记录到自然反弹栏中，后者反弹到了适合的幅度，可以进行记录。

第九章 规则解释

表 16